PETIT TRAITÉ

DE

TOPOGRAPHIE PRATIQUE

A VUE, SANS INSTRUMENTS

SUIVI

De l'Étude détaillée du terrain au point de vue des
Reconnaissances militaires, et de Renseignements sur les
petites opérations de la Guerre.

OUVRAGE

Accompagné du Tableau des Signes conventionnels et du figuré du Terrain,
Adopté par S. Exc. M. le Ministre de la Guerre, pour l'enseignement de la
Topographie dans les Écoles-régimentaires

PAR

A. PARASSOLS

Lieutenant au 8e Dragons, Directeur des Écoles.

PONT-A-MOUSSON

Eug. DONOUX, LIBRAIRE

1870

PETTIT TRAITÉ

DE

TOPOGRAPHIE

PONT-A-MOUSSON, TYP. P. TOUSSAINT.

PETIT TRAITÉ

DE

TOPOGRAPHIE PRATIQUE

A VUE, SANS INSTRUMENTS

SUIVI

De l'Étude détaillée du terrain au point de vue des Reconnaissances militaires, et de Renseignements sur les petites opérations de la Guerre.

OUVRAGE

Accompagné du Tableau des Signes conventionnels et du figuré du terrain, Adopté par S. Ex. M. le Ministre de la Guerre, pour l'enseignement de la Topographie, dans les Écoles régimentaires

PAR

A. PARASSOLS

Lieutenant au 3e Dragons, Directeur des Écoles.

PONT-A-MOUSSON

Euᴳ. DONOUX, LIBRAIRE

1870

AVANT-PROPOS

Qu'on ne s'étonne pas de trouver dans ce livre des choses qu'on a pu lire dans d'autres ouvrages ; la science militaire est ancienne, et si avec la transformation des armées elle a acquis des développements et subi des modifications importantes, les principes généraux, qui font la base de l'art militaire, sont restés à peu près les mêmes et ont été reproduits par les écrivains militaires de tous les temps.

Dans l'art militaire, l'étude du terrain a toujours occupé une large place, et les principes sur lesquels repose cette étude, ont été magistralement posés par d'illustres auteurs, parmi lesquels nous comptons Frédéric II, Bohan, Guibert, de Préval, La Roche Aymon ; et enfin étendus et complétés par des écrivains plus rapprochés de nous, comme Jacquinot de Presles, le général Jacquemin et MM. Rocquancourt et Vial, professeurs d'art militaire de nos Écoles.

La partie topographique a été spécialement enseignée par un grand nombre, mais nous avons vainement cherché parmi tous les auteurs des procédés si élémentaires, et surtout si pratiques, qu'ils pussent être facilement employés par tous sans études préalables et sans des connaissances antérieures spéciales.

Cependant l'équité nous fait un devoir de déclarer que le *Manuel des Reconnaissances*, de M. le général Leloutcrel contient un certain nombre de ces procédés élémentaires pour arriver à exécuter à vue le levé d'un terrain à étudier. Nous avons cru pouvoir emprunter à cet ouvrage quelques-uns de ces procédés; mais nous les avons étendus, commentés et expliqués de telle sorte, qu'à la première lecture, chacun puisse les comprendre et les mettre en pratique.

A ces procédés, nous en avons ajouté d'autres, et nous avons classé et coordonné tous les renseignements recueillis, de manière à présenter un tout homogène et aussi complet que possible.

Nous nous sommes étendu surtout sur la manière d'étudier le terrain au point de vue des reconnaissances et particulièrement en ce qui concerne les voies de communications ordinaires et les chemins de fer.

La partie graphique de ce traité, sort, par son ensemble et par le fini du travail, de tout ce qui avait été publié jusqu'à ce jour comme représentation du terrain et de ses détails ; aussi, le tableau qui accompagne cet ouvrage, a-t-il été adopté par S. Ex. M. le Ministre de la guerre pour l'enseignement de la topographie dans les Écoles régimentaires, et gravé par son ordre.

Nous n'avons nullement eu la pensée de présenter un travail nouveau, en fait de principes ou de procédés, le seul mérite qu'il peut avoir, réside tout entier dans la classification et dans les détails explicatifs de procédés déjà connus, mais disséminés çà et là ; ils ont été réunis, voilà tout.

CHAPITRE Ier

SOMMAIRE. —— Introduction. — Définition de la Topographie, son utilité. — Des signes conventionnels. — Description écrite. — Des termes employés en topographie écrite.

1. — Le terrain, a dit le général de Brack, a exercé, de tout temps, une influence considérable sur les opérations militaires. Il jouait déjà un grand rôle dans les guerres de l'antiquité ; mais au moyen-âge, en raison de l'importance que l'on attachait aux prouesses et à la valeur personnelles, il fut complétement nélgigé ; aussi nos annales peuvent-elles enregistrer les désastres de Crécy, de Poitiers et d'Azincourt.

Plus tard, l'influence du terrain reprit faveur, se développa, et enfin forma la base de toutes les entreprises militaires.

2. — Aujourd'hui, cette iufluence est la même, et doit augmenter encore en raison du perfectionnement des armes à feu. Il est facile de comprendre que toutes les opérations stratégiques ou tactiques ne peuvent se combiner que d'après la connaissance de la nature du terrain , sa configuration ou ses divers accidents, et nous ajouterons que quelque connaissance que l'on ait acquise de l'ennemi , quelques forces même que l'on ait à sa disposition, toute entreprise, quelle qu'elle soit, dépend , dans son exécution , de la connaissance du terrain. Enfin, il est incontestable que c'est presque toujours par ses rapports avec le terrain environnant , qu'une position peut être bonne ou mauvaise : or cette connaissance du terrain s'obtient par la topographie.

3. — La Topographie est donc l'art de représenter la surface du sol par des dessins et des signes conventionnels, de manière qu'en jetant les yeux sur un plan ou levé à vue, un militaire puisse apprécier les distances et les hauteurs, connaître les routes et voies de communications de toutes sortes ; les fleuves, rivières, ruisseaux , canaux ; les fossés, les montagnes, collines, vallons, gorges , marais , étangs, enfoncements, escarpements, trous ou carrières ; les forêts, bois, friches , terres labourées, vignes, etc.; les villes, villages, maisons isolées , moulins , usines, etc. , qui couvrent ou traversent le terrain levé.

4. — La définition que nous venons de donner, suffit pour faire comprendre que la topographie étant la base de toutes les opérations militaires , son étude ne saurait être trop approfondie, car sans son secours il ne peut exister de combinaisons stratégiques sûres , point d'attaques , point de défense possibles avec des chances de succès. « Celui qui combat sur un terrain

» qu'il ne connaît pas, doit être battu, et il n'est aucun
» militaire, officier ou sous-officier, qui puisse affirmer
» que jamais les circonstances ne le mettront à même de
» faire une reconnaissance, d'enlever ou de défendre
» un poste ou une position militaire quelconque. »
(Jacquinot de Presles).

5. — A la guerre, chaque pli de terrain, chaque
obstacle, pour si insignifiant qu'il puisse paraître, au
premier abord, a son importance pour celui qui a
appris à en profiter. Les communications surtout, quelles qu'elles soient, ont une importance majeure, et sans
l'étude de la topographie, il est presque impossible de
donner une idée exacte et claire du terrain qu'on serait
chargé de reconnaître.

6. — La topographie proprement dite, est une
science mathématique qui ne peut être régulièrement
exécutée qu'à l'aide d'instruments et d'appareils de
précision : elle rentre alors dans le domaine des ingé-
nieurs géographes ou topographes, ou des officiers
d'état-major attachés aux divisions des corps d'armée,
lesquels en ont fait une étude toute spéciale.

7. — Mais à côté de la science exacte, il y a la
simple pratique, résultat de l'intelligence, de l'expérience, de l'observation et de l'habitude, et la topographie peut être exécutée de deux manières : exactement,
à l'aide des mathématiques et des instruments de précision, c'est la topographie régulière ; ou simplement
à vue, et sans aucune espèce d'instruments qu'un

crayon, une petite boussole et un double décimètre ;
c'est la topographie irrégulière : l'emploi de la boussole
n'est même pas indispensable.

8. — La topographie à vue étant la seule qui puisse
être exécutée par un officier ou un sous-officier de
cavalerie ou d'infanterie, est la seule qui nous occupera.
L'une et l'autre emploient, pour représenter les objets,
les mêmes signes, seulement, dans la première, les
distances, les objets et les mouvements du sol sont
exactement appréciés, dessinés ou placés, tandis que
dans la seconde, les uns et les autres ne le sont qu'approximativement.

9. — Nous avons dit que la configuration et les
mouvements du sol, le tracé des routes, chemins, sentiers, fleuves, rivières, ruisseaux, canaux, etc., enfin
tous les objets qui couvrent ou sillonnent le terrain
reconnu, se rendaient sur le papier au moyen des signes
de convention ; on les a donc nommés Signes conventionnels, et ils doivent toujours être employés, à l'ex-
clusion de tous autres, pour rendre ces divers objets ;
sans quoi la carte dressée devient illisible et ininttelli-
gible. Aussi, est-il de la dernière nécessité que chacun
ait une grande habitude de ces signes, car une carte
surchargée d'indications écrites deviendrait obscure et
difficile à lire.

10. — Le tableau que nous avons dressé et qui a
été adopté, sur la proposition de M. le général Des-
vaux, commandant alors la division de cavalerie de Lu-

néville, par S. Ex. M. le Ministre de la guerre , pour servir à l'enseignement de la topographie dans les Écoles régimentaires, renferme tous les signes conventionnels usités en topographie militaire, et le figuré du terrain. Ce tableau est de la dernière importance , et doit être sérieusement étudié.

11. — Cependant la topographie dessinée , pour si bien exécutée qu'elle soit, a besoin d'être complétée par une description écrite qui vienne suppléer à ce que le dessin ne peut reproduire, car il y a toujours une foule de détails qui ne peuvent être exprimés sur une carte, surtout dans un levé à vue.

12. — La description topographique emploie des termes qu'il est important de connaître pour être clair et précis, ce sont :

1° *Points culminants.* — On donne le nom de points culminants aux points les plus élevés soit d'une chaîne de hauteurs, soit des différentes parties du terrain reconnu.

Dans les chaînes de hauteurs élevées, ces points culminants se nomment *Cimes.*

2° On nomme *Versants* ou *Flancs* des montagnes ou chaînes de hauteurs , la pente qui va de la cîme à la base.

Lorsque les montagnes n'ont pas plus de 200 à 300 mètres d'élévation, on les nomme *Collines*, et les flancs prennent le nom de *Côtes.*

Au-dessous de 200 mètres, les collines se nomment *Mamelons.*

Lorsque le terrain est ondulé par des hauteurs longues, peu élevées et rapprochées, on les nomme *Rideaux* ou *Plis de terrain*, et les petites hauteurs isolées se nomment *Tertres* ou *Buttes*.

3² Les grandes excavations qui séparent les montagnes, et qui servent ordinairement pour les traverser et les parcourir, se nomment *Gorges* ou *Défilés*.

4° Les *Vallées* sont les fonds qui se trouvent entre les bases des hautes montagnes, et l'on nomme *Vallons*, les fonds étroits et bordés de collines.

En topographie, toute vallée ou vallon qui reçoit un cours d'eau se nomme *Bassin*, et prend le nom du cours d'eau qui l'arrose ; ainsi l'on dira : le bassin du Durgeon, le bassin de la Seille, le bassin de la Moselle, ce qui indique l'ensemble des cours d'eau qui alimentent et arrosent la vallée.

5° La *Rive droite* d'un fleuve ou d'une rivière, est celle qui se trouve à la droite de l'observateur regardant vers l'embouchure ; l'autre se nomme *Rive gauche*.

On nomme confluent le point où deux cours d'eau se réunissent, et les cours d'eau secondaires qui se jettent dans le bassin principal que l'on étudie, se nomment *Affluents*.

Le *Lit* d'un cours d'eau d'une certaine importance, comprend l'emplacement plus ou moins large, plus ou moins profond sur lequel il coule ; et l'on nomme *Thalweg* d'un cours d'eau, la ligne de sa plus grande profondeur, et où par conséquent se produit le plus sensiblement le courant.

On donne aussi le nom de thalweg au point le plus

bas d'un vallon ou d'une vallée ; c'est, à proprement parler, le cours d'eau qui y coule ordinairement.

6° La surface du sol est dite, selon le cas, *ondulée*, *mamelonnée* ou *accidentée*. Les deux premières expressions signifient, dans le premier cas, que le terrain présente de nombreux rideaux ou plis ; dans le second, qu'il est couvert de hauteurs peu élevées.

Le terrain est dit accidenté, lorsqu'il est coupé par des ravins, des déchirements, des escarpements, des fossés, des chemins creux qui en rendent le parcours difficile.

Si le terrain est couvert de haies, de murs de clôture, de chemins creux, on dira qu'il est *coupé* par tels et tels accidents.

Enfin, le terrain est dit *plat*, lorsqu'il ne présente pas d'ondulations d'aucune sorte, et *découvert*, s'il n'est pas occupé par des bois ou des plantations nombreuses qui bornent l'horizon.

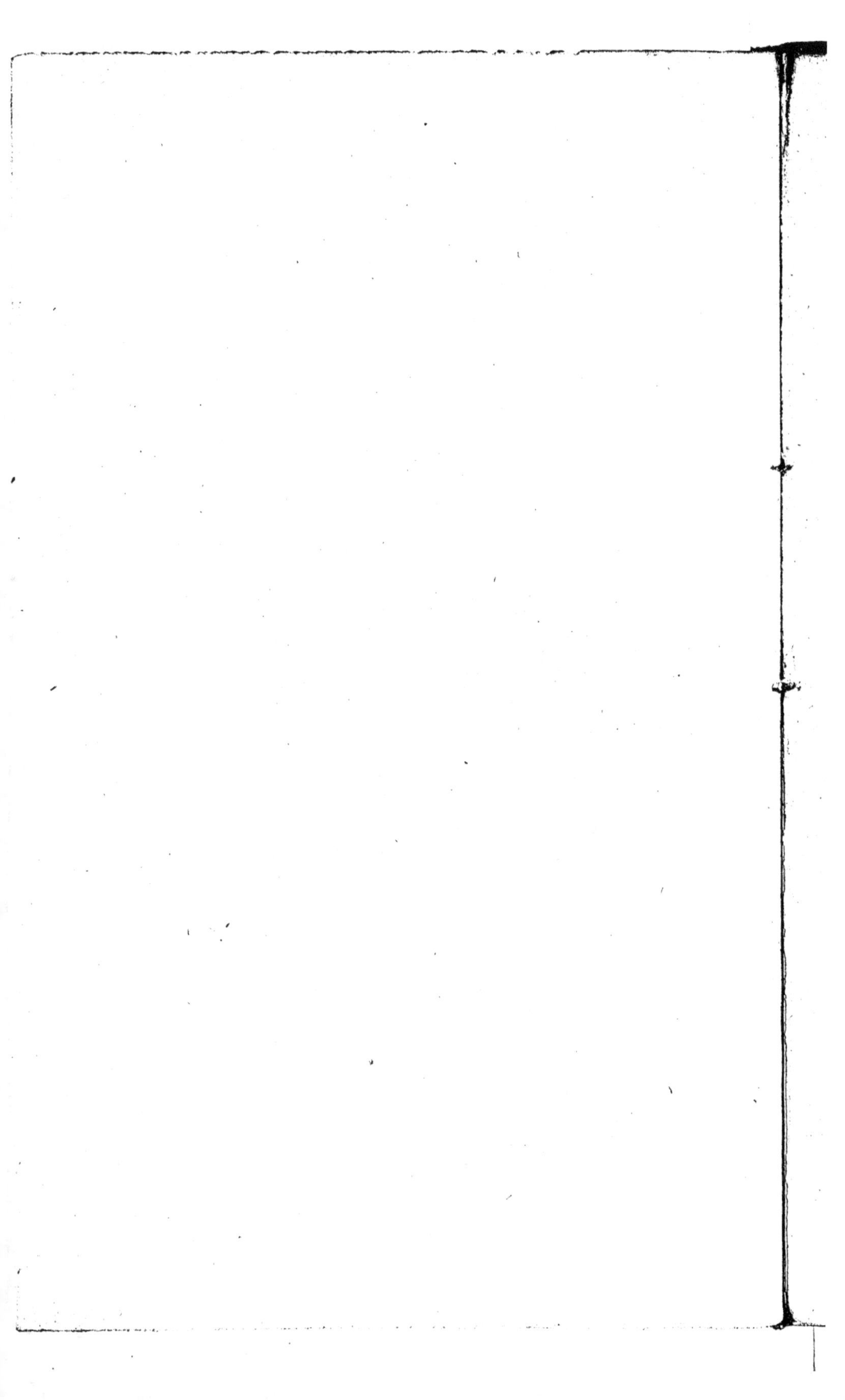

CHAPITRE II

13. — La première des conditions pour exécuter un levé topographique à vue, c'est-à-dire sans le secours d'aucun instrument, est de savoir apprécier les distances.

Or, le terrain à reconnaître et à lever peut être parcouru dans tous les sens, où certaines de ses parties peuvent être inaccessibles.

Dans le premier cas, les distances peuvent être mesurées au pas de l'homme ou du cheval, et alors elles sont appréciées d'une manière à peu près exacte. Dans le second cas, l'habitude acquise par des observations souvent répétées, peut donner seule les approximations nécessaires.

14. — De là donc, il y a nécessité absolue de se familiariser tous les jours, et dans toutes les circonstances, avec l'appréciation de plus en plus approximative des distances.

Est-il bien difficile de se donner cette sûreté d'appréciation? Mon Dieu non, il suffit d'observer, dans différentes positions, des points dont on connaît l'éloignement exact, puis de comparer à ces points d'autres points semblables, dont la distance est inconnue ; et ensuite de mesurer au pas la distance qui les sépare de l'observateur. Ces observations, souvent répétées, soit à pied, soit à cheval, pendant les promenades, dans différents endroits, dans différentes positions, finissent par donner une sûreté d'appréciation suffisante pour la topographie à vue.

15. — Tous les auteurs qui ont écrit sur la topographie irrégulière sans instruments, et le nombre en est restreint, ne donnent que des aperçus généraux sur cette branche importante de l'instruction militaire, et s'ils entrent dans quelques détails de procédés pratiques, ces procédés, ou ne sont pas complets, ou ne sont pas assez clairement expliqués pour être facilement compris et employés par tous. Tous ces auteurs, disons-nous, qui ont parlé de la nécessité de mesurer au pas les distances cherchées, n'ont pas, à notre avis, suffisamment expliqué le moyen de régler le pas de manière à arriver à une appréciation exacte des distances mesurées de cette manière. Ce moyen est des plus simples : il consiste à parcourir plusieurs fois de suite, au pas *habituel* de marche de l'observateur, une

distance exactement mesurée , telle par exemple que
100 mètres, et de compter chaque fois le nombre de
pas faits pour la parcourir ; prendre la moyenne du
nombre de pas , recommencer plusieurs fois le même
exercice, et l'on arrivera, en très-peu de temps, à faire
tous les pas égaux, et employer toujours le même nombre de pas pour parcourir la distance donnée. Alors,
chacun sera sûr que tel nombre de ses pas représente ,
en ligne droite, une distance de 100 mètres ou plus ou
moins , suivant le nombre. D'après nos observations
souvent répétées , le nombre de pas pour 100 mètres,
pour un homme de taille ordinaire , c'est-à-dire de
1 mètre 70 centimètres, est compris entre 120 et 125.

16. — Il faut donc rejeter ce que l'on est convenu
d'appeler le pas géométrique, qui est censé représenter
1 mètre, et qui , en réalité , représente plus ou moins
cette longueur , d'abord parce qu'il n'est rien moins
qu'exact, et qu'ensuite, ce qui pour nous est une raison péremptoire, c'est qu'il est beaucoup trop fatigant
pour mesurer de longues distances , et même, qu'alors
il devient impossible. Employons donc le pas *habituel*,
le seul qui puisse se soutenir longtemps dans tous les
terrains et qui soit toujours le même.

Appréciation des distances dites inaccessibles.

17. — Pour apprécier et connaître exactement les
distances séparant deux points dont l'un est inaccessible,

il existe différents procédés géométriques, nous allons
en donner un des plus simples ;

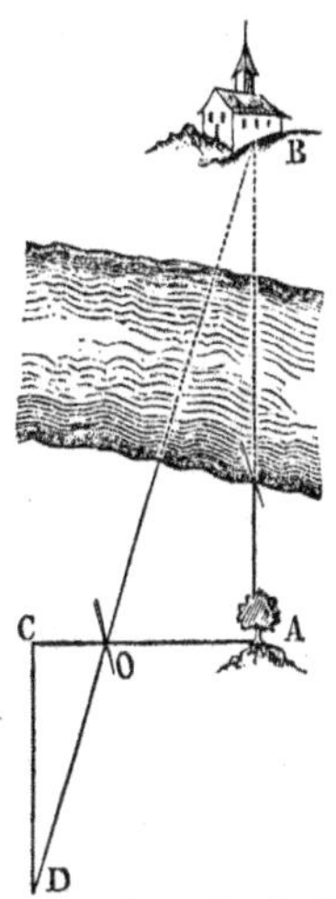

Soit à connaître et à porter
sur un levé topographique la
distance qui existe , sur le
terrain , entre les points A et
B , distance qui ne peut être
mesurée au pas à cause de
l'obstacle qui les sépare.
Nous emploierons le moyen
suivant ;

Jalonnons visuellement la
ligne AB , c'est-à-dire la distance cherchée , et au moyen
d'une équerre d'arpenteur ,
ou de tout autre instrument
pouvant en tenir lieu, tel par exemple que la boussole;
élevons au point A une perpendiculaire AC, et au point
C, par le même procédé, élevons la perpendiculaire CD.
Ces perpendiculaires peuvent être tracées sans instruments ; un peu d'habitude suffit pour cette opération,
et pour un levé à vue , une irrégularité de quelques
mètres est sans importance.

Ces perpendiculaires tracées, cheminons sur CA, et
plantons un jalon sur la ligne droite qui joindrait BD
au point O.

Ces différents points déterminés, nous donnent deux triangles ABO, COD, qui sont équiangles, et par conséquent semblables, car l'angle C égale l'angle A comme *droits*, l'angle B égale l'angle D, comme *alternes-internes*, et le 3ᵉ de l'un est égal au 3ᵉ de l'autre comme opposés par le sommet.

Puisque ces triangles sont semblables, ils ont par conséquent leurs côtés homologues proportionnels, et nous aurons la proportion :

$$AB : CD : : AO : OC.$$

Or, nous avons vu en arithmétique, que pour trouver le 4ᵉ terme inconnu d'une proportion, il faut multiplier le second par le troisième et diviser le produit par le premier ; que, par le même raisonnement, on peut trouver l'un quelconque des termes de la proportion quand on en connaît trois, et que dans dans le cas qui nous occupe, le terme à trouver étant un *extrême*, nous devons multiplier les deux moyens l'un par l'autre et diviser le produit par l'extrême connu.

Nous aurons donc $AB = \dfrac{CD \times OA}{CO}$

Et si nous supposons que $CD = 72^{\mathrm{m}}$, $AO = 35^{\mathrm{m}}$, $CO = 28^{\mathrm{m}}$, nous aurons :

$$X : 72 : : 35 : 28 ; \text{ d'où il résultera :}$$

$$AB = \frac{72 \times 35}{28}, \text{ soit 90 mètres.}$$

Mesurer la distance qui sépare deux points inaccessibles.

18. — Soit à déterminer la distance qui sépare les deux points A et B.

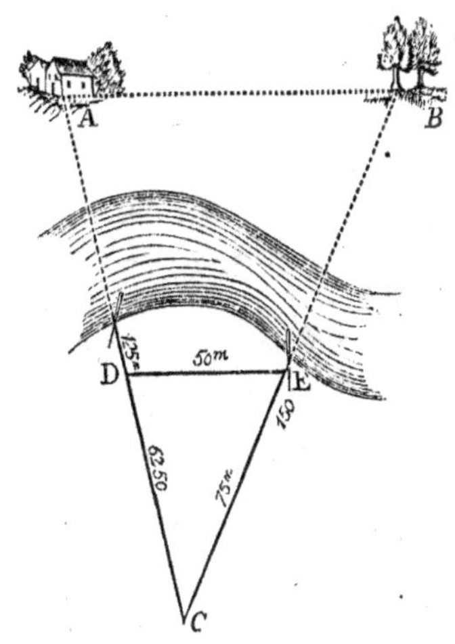

On choisira sur le terrain un point C d'où l'on puisse facilement apercevoir les deux points A, B , puis , par le moyen indiqué précédemment , on déterminera la distance qui sépare chacun des deux points du point C. Ensuite , sur la ligne joignant CB, par exemple , on prendra une distance arbitraire telle que CE, puis sur la ligne CA une longueur CD, telle qu'elle soit, avec CE dans le même rapport que CB est à CA, et on aura alors la proportion :

$$CB : CA : : CE : CD.$$

Nous pourrions dire qu'il suffit de mener par un point quelconque de la ligne CB une parallèle à AB, mais comme nous sommes trop éloignés de cette ligne pour pouvoir établir cette parallèle à vue, que, d'un autre côté, nous voulons employer, le moins possible, les procédés géométriques, nous donnons la formule ci-dessus plus pratique, et qui donne le même résultat.

Si, après cette construction, nous joignons le point E au point D, nous aurons un triangle DEC, semblable au triangle ABC, puisqu'il a un angle C compris entre deux côtés proportionnels. Mesurons DE, et nous aurons la distance AB par la proportion suivante :

$$CE : DE : : CB : AB.$$

Multiplions les moyens DE, CB, et divisons le produit par l'extrême connu CE, nous aurons :

$$AB = \frac{DE \times CB}{CE}$$

Si, employant des chiffres, nous supposons que
$$CB = 150^m$$
$$CA = 125^m$$
$$CE = 75^m$$
$$CD = 62^m\ 50^c.$$
Nous aurons $150 : 125 : : 75 : 62,50$.

Et, si après avoir mesuré DE, nous trouvons une longueur de 50 mètres, nous aurons :

CE ou 75ᵐ ∶ DE ou 50 ∶ ∶ CB ou 150 ∶ BA ou X.

l'opération nous donnera :

$$X = \frac{50 \times 150}{75} = \frac{7500}{75} = 100^{m}$$

Mesurer la distance où on se trouve d'un point très-éloigné.

19. — 1ᵉʳ Procédé. — Soit la maison A, et B, le point où l'on se trouve.

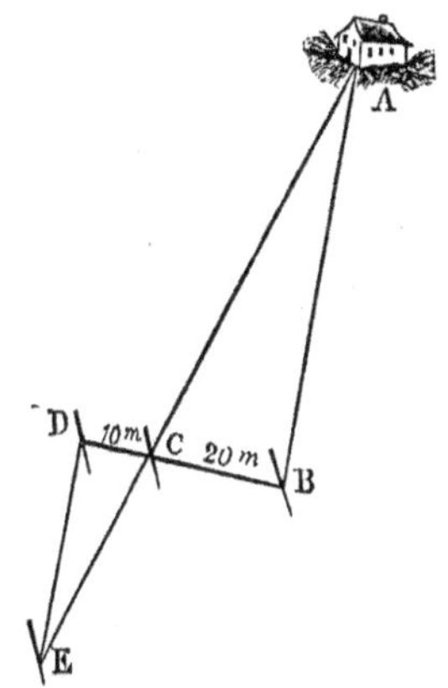

Du point B, et dans une direction perpendiculaire à

AB , mesurer une distance quelconque , telle que 20 mètres par exemple , et planter un jalon à ce point , soit C. Mesurer sur le prolongement de CB, une seconde distance aussi quelconque , mais qui soit un sous-multiple de 20, telle que 10 par exemple ; et soit DC, cette seconde distance, à laquelle on placera aussi un jalon D.

Elever au point D, une perpendiculaire DB, d'une longueur telle que son extrémité E, se trouve exactement dans le prolongement de CA, et placer un quatrième jalon à ce point.

Cette construction terminée, il suffira, pour connaître la distance BA , de prendre la distance DE autant de fois que DC est contenu dans CB , car la construction que nous venons de faire établit deux triangles semblables , dont les côtés sont proportionnels. Ainsi le côté DC du triangle DCE, étant contenu deux fois dans le côté CB du triangle ACB, et ces triangles ayant leurs côtés parallèles, le côté DE du triangle DCE sera compris 2 fois dans le côté AB du triangle ABC.

Supposons donc que la distance DE est de 45 mètres, nous aurons $45 \times 2 = 90$; la distance qui sépare les points A et B, sera donc de 90 mètres.

Ce procédé est basé sur les mêmes principes que celui donné au n° 17, mais celui-ci a l'avantage de ne pas employer les formules proportionnelles qui peuvent n'être pas familières à tout le monde.

20.—2ᵉ Procédé. —Ce procédé, que tous les dessinateurs connaissent, a été appliqué à la mesure des distances topographiques , par M. le capitaine du génie Leblanc;

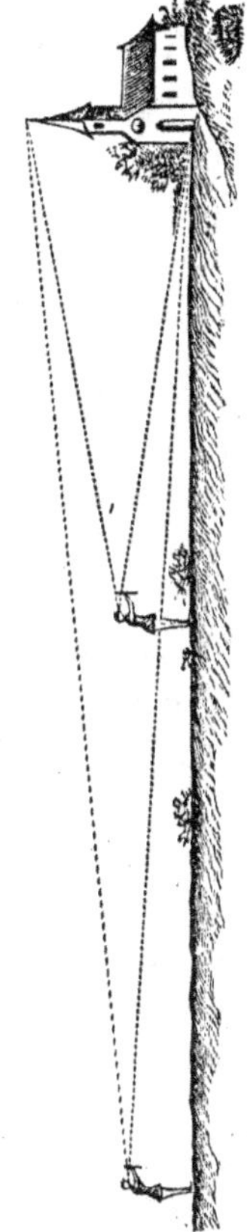

nous l'avons trouvé dans le *Manuel des Reconnaissances*. de M. le général Lelouterel, ainsi que quelques autres que nous donnerons plus loin.

Pour employer ce procédé, il faut se construire une échelle particulière pour chacun des objets que l'on distingue le mieux dans l'éloignement, tels que un clocher, une maison, un peuplier, un chêne, un moulin à vent, etc., etc. Cette échelle sera graduée en raison de la distance d'où chacun de ces objets aura été observé.

Pour cela, il faut se procurer une petite règle à plusieurs côtés, représentant un prisme hexagonal ou octogonal de 15 à 20 centimètres de longueur, et de 1 centimètre de diamètre au plus.

Se placer à une distance connue d'un des objets dont nous avons parlé plus haut, un clocher par exemple, dont la hauteur moyenne, calculée sur celle de ces édifices du pays où l'on se trouve, peut être comprise entre 40 et 50 mètres.

S'effacer, tendre le bras droit, tenant la petite règle ci-dessus entre le pouce et les autres doigts, la main presque à hauteur des yeux, fermer l'œil gauche, viser simultanément les deux extrémités de l'objet, de manière que le rayon visuel supérieur passant par l'extrémité supérieure de la règle, aille aboutir à l'extrémité supérieure de l'objet à mesurer ; le pouce de la main droite marquant, par sa position sur la règle, l'extrémité inférieure du même objet, en sorte que la longueur de règle au-dessus du pouce réprésente la hauteur de l'édifice ; et l'on marque à ce point, 200 mètres , par exemple, distance à laquelle on se trouve de l'objet observé.

On répète la même opération de 100 en 100 mètres, tant que l'œil pourra distinguer l'objet.

Après avoir observé de la même manière et sur d'autres côtés de la règle différents objets de différentes hauteurs, et en ayant soin d'indiquer, sur chaque côté de la règle, le nom de l'objet observé comme type de comparaison, on possède une échelle de proportion qui donne approximativement les distances cherchées. L'observateur, en graduant sa règle, doit toujours avoir le bras droit complétement tendu, afin que de son œil à la règle la distance soit toujours la même. Sans quoi la proportion cesserait d'exister.

Il est évident que l'appréciation des distances obtenue par ce procédé ne peut pas être très-exacte, puisque les objets pris comme type de comparaison n'ont pas forcément la même hauteur que ceux auxquels on les compare ; mais , en supposant que l'inexactitude produite soit de 1/10, l'appréciation ainsi obtenue est suffisante pour un levé à vue sans instruments.

Emploi de la Stadia, moyen de la construire soi-même.

21. — Il existe encore un moyen de se construire une échelle pour apprécier les distances ; ce moyen consiste dans l'application aux distances topographiques , d'un instrument primitivement inventé pour juger, dans le tir des armes à feu , de l'éloignement où se trouve l'ennemi, la *stadia*.

Cet instrument se compose d'une plaque de cuivre évidée en forme de triangle et portant des divisions , comme le montre la figure ci-dessous. Or, cet instrument, qu'il est facile de se construire soi-même, peut,

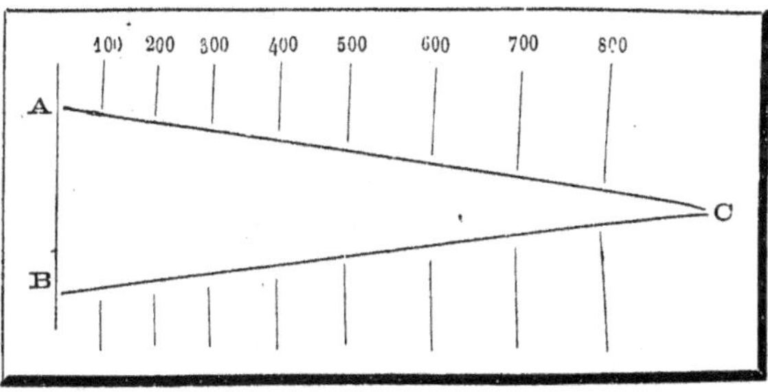

par la même analogie, et au moyen d'expériences faites sur certains objets d'une hauteur connue , servir à constater la distance à laquelle on se trouve desdits objets.

Pour construire soi-même une stadia, on prend un petit carton ou une planchette mince de 10 à 15 centimètres de longueur sur 5 ou 6 centimètres de largeur, et on enlève du centre un triangle isocèle d'une grandeur quelconque, tel que ABC.

Mais au lieu de se servir de la stadia par rapport à l'homme, il faut la graduer et s'en servir par rapport aux objets, tels que maisons, clochers, arbres, etc.

La stadia étant construite, on se place, pour la graduer, à une distance connue de l'objet qu'on choisit comme terme de comparaison, telle par exemple que 100 mètres, on tend le bras droit tenant la stadia de manière qu'elle soit placée verticalement, et l'on regarde l'objet observé par le triangle, en faisant aller la stadia à droite ou à gauche jusqu'à ce qu'on le voie compris juste entre les deux grands côtés du triangle : alors on marque avec un crayon 100 mètres sur le point, et l'on répète la même opération de 100 mètres en 100 mètres.

Mesure des petites distances inabordables.

22. — Si l'on a à mesurer la largeur d'un fleuve, d'une rivière, d'un étang, etc, on pourra employer un des procédés suivants :

1° Se placer sur un point de la rive, le plus près possible de l'eau, incliner la visière de la coiffure, de manière que le rayon visuel et le bord de la visière correspondent avec la rive opposée; faire demi-tour, sans déranger ni la tête ni les yeux, remarquer sur le terrain le point où le rayon visuel aboutit dans les mêmes conditions que précédemment, mesurer la distance BC, et l'on aura approximativement la largeur de la rivière.

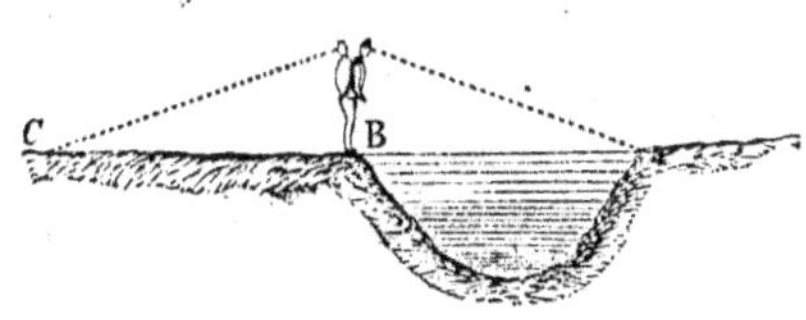

23.—2° Lorsque les bords de la rivière ou de l'étang sont couverts et qu'il n'est pas possible, soit d'employer le moyen précédent, soit de mesurer en.arrière de grandes distances, on obtient la largeur cherchée en faisant la construction suivante.

A 2 mètres, par exemple, du bord de la rivière et parallélement à son cours, déterminez une ligne droite AB de 10 mètres de longueur.

Du point A, à l'aide d'un bâton ou jalon planté au point A', déterminez avec un point quelconque de la rive opposée C, une ligne A A'C; faites-en autant au point B, ce qui donnera le ligne BB'C.

Du point A et sur la ligne AA'C, mesurez une longueur de 1 mètre, soit A *a*; du même point, et sur la

ligne AB, prenez la même longueur , soit A*b*, et faites
la même opération au point B; soit les distances B*a*, B*c*.

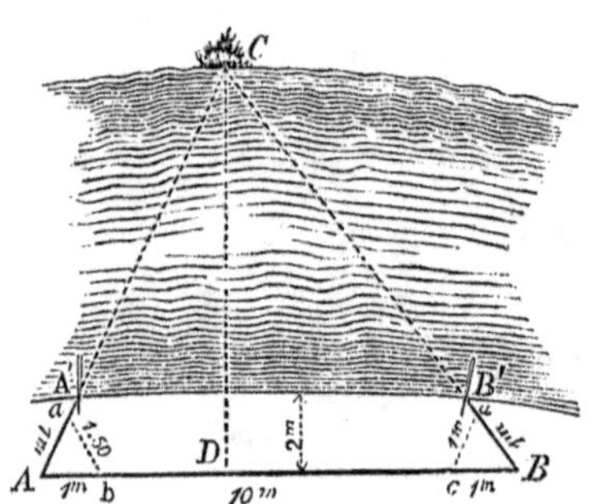

Cette construction terminée, mesurez l'ouverture *ab*
de l'angle A, soit 1ᵐ 50ᶜ, mesurez de même l'ouverture
de l'angle B, soit 1ᵐ. Ces dimensions donnent l'ouverture des angles A et B du triangle ABC.

Si nous construisons sur le papier, et sur une échelle
de 1 centimètre pour 1 mètre, le triangle ainsi obtenu,
nous aurons une ligne, base du triangle graphique, de
10 centimètres; au point A, on construira un angle de
1ᵐ 50ᶜ d'ouverture, soit pour la construction graphique
0 015ᵐᵐ, au point B, un angle de 1ᵐ, soit 0ᵐ 01ᶜ. Pro-
longeons ces deux lignes, et le point de jonction donnera le point C de la rive opposée. Il ne restera plus qu'à
mesurer sur le papier la perpendiculaire CD. La dis-

tance que l'on obtiendra en centimètres représentera la largeur de la rivière en mètres, moins les deux mètres de la rive à la ligne AB.

Nous donnons ici comme échelle graphique 0^m 04^c par mètre pour la facilité et la clarté du raisonnement, mais on comprendra, sans peine, que pour peu que le cours d'eau soit large, cette échelle serait beaucoup trop grande ; il faudrait donc la réduire à 04^c pour 10^m, par exemple.

NOTA. — Ne pas s'en rapporter à la figure ci-dessus, qui indique des distances qui ne sont pas à l'échelle voulue.

3° Prendre deux bâtons ou jalons de différentes longueurs, planter le plus grand verticalement , à 4 ou 5 mètres du bord de la rivière, et le plus petit sur le bord même. Enfoncer ce dernier jusqu'à ce que le rayon visuel, partant de la tête du grand jalon, et allant aboutir en un point du bord opposé, affleure le sommet du petit jalon. Remarquer de quelle longueur le petit jalon a été enfoncé en terre, le déplacer et le planter à la même distance du grand , vers un endroit uni, c'est-à-dire horizontal , sur le bord où l'on se trouve, l'enfoncer en terre à la même profondeur , diriger le rayon visuel en sens inverse de la dernière opération, et

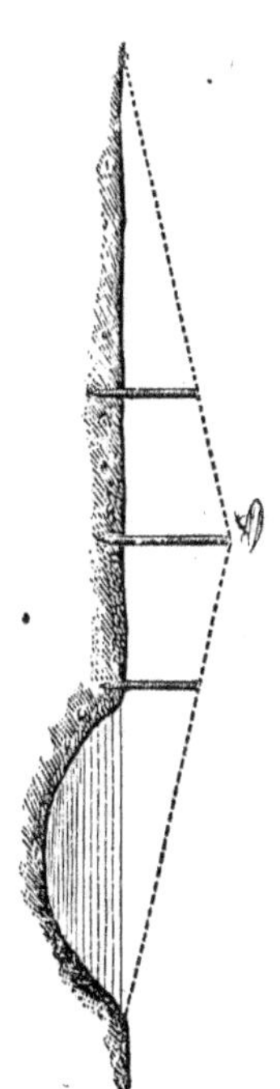

de la même manière, et remarquer le point du terrain
où il vient aboutir. En mesurant la distance de ce
point au petit jalon , on aura la largeur de la rivière.

Ce procédé est un dérivé du premier que nous avons
indiqué, mais il donne plus d'exactitude.

25. — 4° Choisir sur la rive opposée un point quelconque A, prendre sur la rive , où l'on se trouve , un

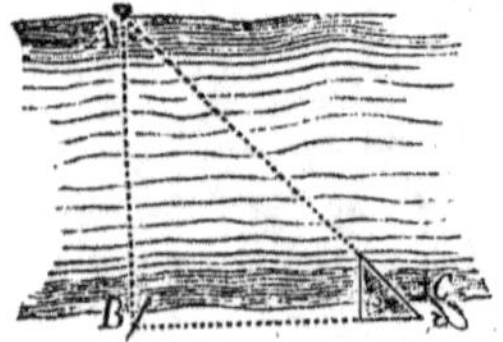

point B dans la même direction et y planter un jalon ,
cheminer dans une direction perpendiculaire à AB ,
jusqu'à ce que le rayon visuel dirigé sur l'angle C d'une
petite équerre en bois représentant un triangle isocèle, et
clouée horizontalement sur la tête d'un jalon, embrasse
entre l'hypothénuse et l'un des deux autres côtés , les
points A et B , ce que l'on obtient assez facilement en
tâtonnant un peu ; on n'aura plus qu'à mesurer BC, qui
sera égal à AB.

26. — 5° Enfin , on pourra encore employer le

- moyen suivant, qui n'exige non plus aucun calcul.

On remarque, sur la rive opposée, un point A, on se place sur le bord de la rive et perpendiculairement à son cours en B, par exemple, où l'on plante un jalon, puis, sur l'alignement de AB, et à une distance quelconque, on place un second piquet C.

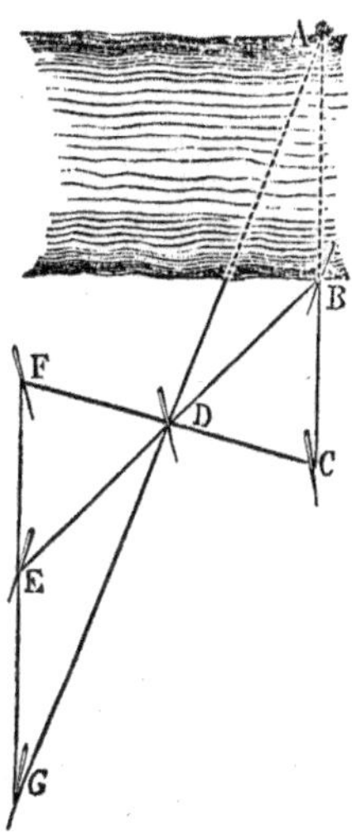

Du point B, et dans une direction arbitraire, on place les piquets DE de manière que BD soit égal à DE.

Du point C, et dans la direction du point D, on place un piquet F, de manière que DF soit égal à DC.

Cette construction achevée, on chemine sur la ligne FE prolongée, jusqu'à ce que l'on se trouve sur l'alignement de DA, et l'on plante un sixième piquet au point G.

L'inspection de la figure ainsi obtenue, montre que l'on a construit ainsi deux triangles semblables et égaux, et que l'on n'a plus qu'à mesurer la ligne EG qui est égale à AB.

Tous les procédés que nous venons d'indiquer reposent sur la théorie des triangles semblables et égaux.

CHAPITRE III

27. — Quoiqu'il soit d'une utilité secondaire , en topographie, de connaître exactement la hauteur des édifices , il pourrait cependant se présenter des circonstances où il serait nécessaire de connaître cette hauteur exacte. De plus, les procédés que nous donnerons pour atteindre ce but, étant essentiellement pratiques et dénués de formules mathématiques , chacun pourra facilement les employer selon le cas ou selon les convenances ; c'est donc plutôt à titre de simples renseignements que nous les donnons, et comme complément de l'étude de la topographie usuelle proprement dite.

Quelques-uns de ces procédés sont empruntés au *Manuel des Reconnaissances* de M. le général Lelouterel.

Pour mesurer la hauteur d'un édifice accessible par sa base, il se présente plusieurs procédés.

28. — 1° Placer verticalement, sur la tête d'un bâton ou jalon, une petite équerre représentant un triangle isocèle, de manière que l'hypothénuse du triangle se trouve en dessus; planter le jalon ainsi disposé à une distance de l'édifice, telle que le rayon visuel passant par l'angle C de l'équerre, embrasse, en passant par l'hypothénuse, le sommet de l'édifice, et,

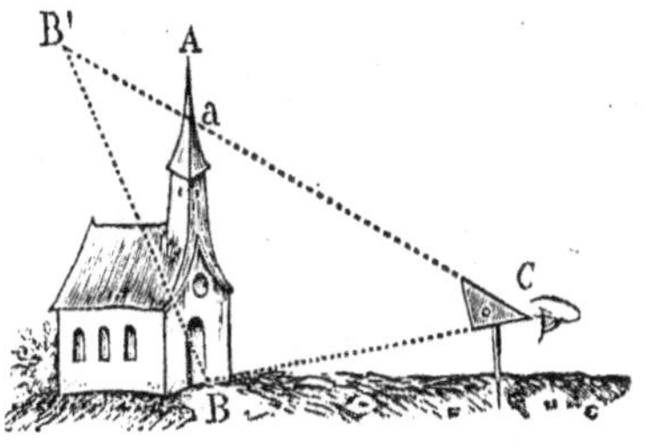

par le côté horizontal, la base de ce même édifice, Ce point trouvé, on aura construit avec les rayons visuels et la hauteur de l'édifice, un triangle isocèle semblable à celui de l'équerre, et proportionnel à celui-ci; dès

lors la ligne BC sera égale à BA , et en mesurant BC,
nous aurons la hauteur AB cherchée.

On remarquera sur la figure ci-dessus que le triangle ABC n'est pas isocèle , il faut donc, pour avoir la
hauteur exacte AB , placer l'équerre de telle sorte que
la ligne prolongée de l'hypothénuse ne passe pas par le
sommet de l'édifice , mais bien en un point *a* tel, qu'il
existe approximativement entre le sommet de l'édifice et
ce point, une distance égale à la hauteur de l'équerre
au-dessus du sol.

Alors , comme l'indique la figure ci-dessus , le côté
BB' du triangle BB'C sera bien égal à la hauteur AB
de l'édifice.

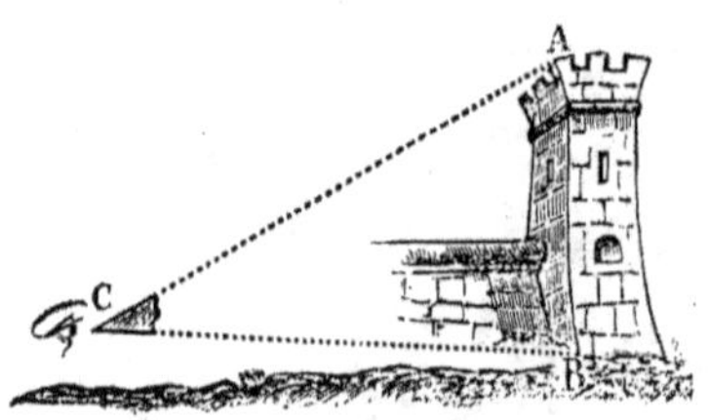

29. — 2° Plier un morceau de papier de telle sorte
qu'il forme un angle aigu ; placer l'angle aigu de papier
ainsi plié devant l'œil droit, et viser par les deux côtés
de l'angle, le sommet et la base de l'édifice ; si l'angle
n'est pas assez ouvert, lâcher du papier ; s'il l'est trop,

faire un pli : en tâtonnant un peu, on arrive assez promptement à obtenir l'angle cherché, et alors on n'a plus qu'à trouver le nombre de degrés compris entre les côtés de cet angle, ce qui se fait à l'aide d'un rapporteur.

Connaissant l'ouverture de l'angle et la distance où l'on se trouve de la base de l'objet à mesurer, il sera facile de connaître la hauteur cherchée en adoptant une échelle quelconque, telle que au $\frac{1}{10,000}$ par exemple, et en reportant à cette échelle, l'opération sur le papier.

Ainsi, supposons le côté CB de 300^m et l'ouverture de l'angle de 30°, on aura, pour la ligne AB, 3 centimètres. Construisant au point B un angle de 30°, et en

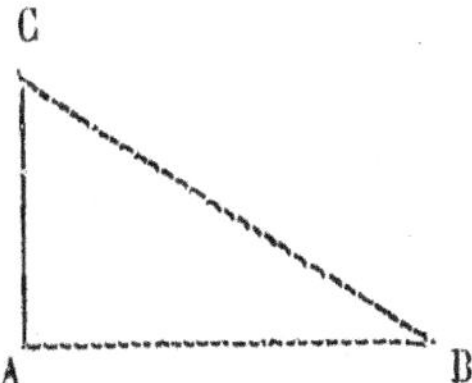

élevant au point A une perpendiculaire représentant la hauteur de l'édifice, si nous mesurons cette perpendiculaire de A en C, nous trouverons 19 millimètres correspondant à 190 mètres, hauteur réelle de l'édifice.

30. — 3° Lorsque le soleil luit, plantons verticalement en terre un jalon d'une longueur connue, telle
que 1 mètre par exemple, et mesurons l'ombre que
projette ce jalon, puis mesurons l'ombre projetée par
l'édifice à mesurer.

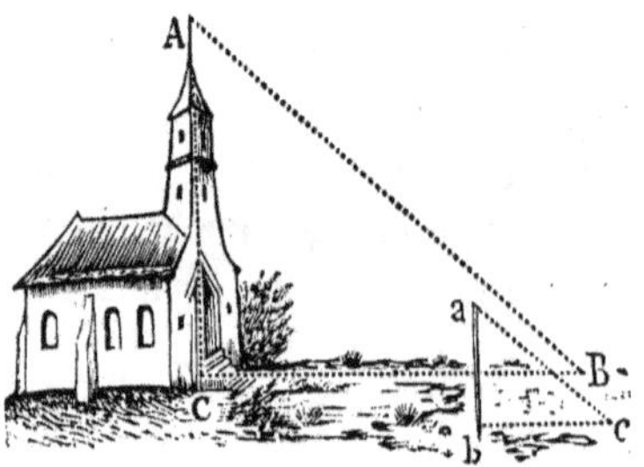

La hauteur cherchée sera avec la longueur de l'ombre
que l'édifice projette, dans le même rapport que celle
du jalon à son ombre.

Donc, si l'ombre du bâton est de $1^m 20^c$, et l'ombre de
l'objet de 22^m, il est évident que la hauteur de l'objet
à mesurer est de 20^m.

En effet, soit CB l'ombre de l'édifice dont on veut
connaître la hauteur, et soit $b\,c$, l'ombre du jalon ; si
nous désignons par X la hauteur du point culminant de
l'édifice ; par L, la longueur de son ombre ; par b, la
longueur du bâton, et par l, la longueur de son ombre,

nous aurons la hauteur cherchée X , par la proportion suivante :

l, *longueur de l'ombre du bâton, est à* b, *hauteur du bâton , comme* L, *longueur de l'ombre de l'édifice , est à* X *sa hauteur ;* ce qui sera représenté par

$$l \,:\, b \,::\, L \,:\, X.$$

Soit 27^{m} la longueur de l'ombre de l'édifice, et soit en même temps $1^{\mathrm{m}} 50^{\mathrm{c}}$ l'ombre du bâton qui a 1^{m} de hauteur, nous aurons la proportion suivante :

$$1 \,:\, 1,50 \,::\, X \,:\, 27.$$ Nous aurons donc :

$\dfrac{1 \times 27}{1,50} = 18^{\mathrm{m}}$; mais pour être plus simple, nous raisonnerons ainsi ;

$$\text{Si } 1^{\mathrm{m}}50^{\mathrm{c}} = 1$$
$$1 \text{ égalera } 1,50 \text{ fois moins , ou } \tfrac{1}{1,50}$$
$$\text{et } 27 \text{ égaleront } 27 \text{ fois plus, ou } \tfrac{1 \times 27}{1,50} = 18.$$

Géométriquement , nous dirons , en nous appuyant sur ce principe de physique qui veut que les rayons solaires soient parallèles, les rayons AB, *ac* sont parallèles et forment avec les verticales AC, *ab* des angles égaux, comme ayant leurs côtés parallèles et l'ouverture dirigée dans le même sens; mais les triangles ACB, *abc* sont rectangles, donc ils sont semblables, et donnent la proportion qui précède.

Nous ferons remarquer qu'il faut mesurer l'ombre , non pas à partir du pied de l'édifice , mais bien du pied de l'axe AC de cet édifice.

Procédés à employer pour mesurer les hauteurs des objets inaccessibles par la base.

31. — 1° Se procurer deux bâtons ou jalons d'inégale longueur, planter le plus petit verticalement,

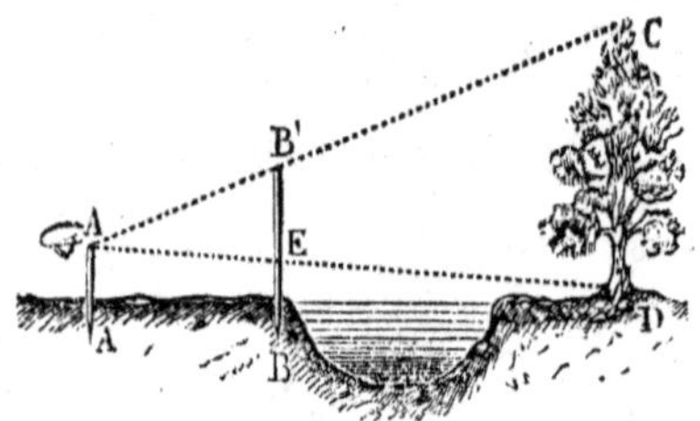

vis-à-vis l'objet à mesurer, en un point A, et le plus grand en avant, à une distance quelconque B, de manière que le rayon visuel partant du haut du petit jalon, passe sur la tête du second et aille aboutir à l'extrémité C de l'objet à mesurer.

Cela fait, mesurer la distance de A à D, par un des moyens indiqués précédemment, si la distance à laquelle on se place n'est pas connue, soit 250^m.

Mesurer ensuite la distance AB, soit 6^m. Du point A, viser le point D, et marquer sur le jalon B le point E, où le rayon visuel coupe ce jalon. Mesurer enfin la distance B'E, soit 2^m.

Il est clair maintenant, que nous devons avoir la proportion suivante :

$$AE : B'E : : AD : CD, \text{ d'où}$$
$$\frac{B'E \times AD}{AE}, \text{ d'où } \frac{2 \times 250}{6} = \frac{500}{6} = 83^m 33^c.$$

32. — 2° Le procédé qui suit, dérivé du précédent, consiste à mesurer d'avance la hauteur des jalons employés, et ensuite à opérer comme ci-dessus, en multipliant la distance du petit jalon à la base de l'objet CD, par la différence de hauteur des deux jalons. Le quotient donnera la hauteur cherchée. Ainsi, soit $B'B = 4^m$, $A'A = 2^m$, nous aurons :

$$CD : B - A : : AD : AE, \text{ d'où}$$
$$\frac{AD \times B - A}{AE} = CD, \text{ d'où}$$

$$X : 2 : : 2\,50 : 6, \text{ d'où } \frac{2 \times 250}{6} = X, \text{ d'où enfin}$$
$$\frac{500}{6} = 38^m\ 33^c.$$

Procédé pour mesurer la hauteur des montagnes ou collines et donner l'inclinaison des pentes.

33. — Pour mesurer la hauteur d'une montagne ou l'inclinaison des pentes, quelles qu'elles soient, il faut se munir d'un instrument, facile à construire soi-même. Cet instrument se compose d'un triangle isocèle formé de trois planchettes réunies entre elles comme l'indique la figure ci-après. Sur le milieu D du côté AB,

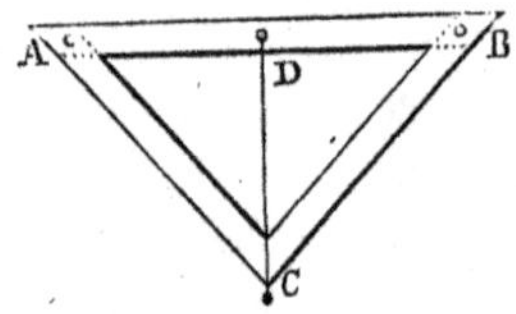

on place un fil à plomb qui, en tombant exactement sur l'angle C, indique que le côté AB est horizontalement placé.

Pour se servir de cet instrument, il faut tenir compte de la distance qui existe des yeux de l'observateur à terre, soit pour un homme de taille moyenne 1^m 66^c.

L'opérateur se place au pied de la montagne à mesurer au point A, tenant le triangle de la main droite, de manière que le côté AB de l'instrument soit horizontal à hauteur des yeux. Diriger l'œil droit le long de ce côté, et remarquer, sur la pente, le point du terrain où va aboutir le rayon visuel; mesurer cette distance AB, et la noter sur le papier comme l'indique la figure ci-dessus; cela se nomme une *Station*; au point B, faire la même opération qu'au point A, et continuer ainsi de station en station, jusqu'au sommet de la hauteur à

mesurer. A la 3ᵉ station on aura obtenu une hauteur de
5ᵐ environ, qui constituera une tranche horizontale de
la montagne, et ainsi de suite, de trois stations en trois
stations.

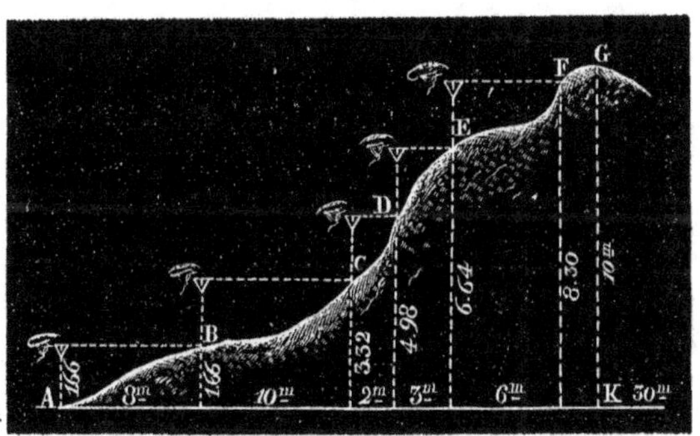

L'opération terminée, on aura obtenu non-seulement
la hauteur de la montagne au-dessus du sol, mais encore la configuration de cette montagne en courbes
horizontales et en profil, et l'inclinaison des pentes.

En effet, au moyen du croquis que l'on tracera au
crayon sur un papier quelconque, croquis sur lequel on
portera les distances qui séparent les stations les unes
des autres, en donnant à ces distances leur longueur
réelle à l'échelle adoptée pour le dessin, et en mesurant, au moyen de la même échelle, la hauteur des
perpendiculaires de chaque station, qui va toujours en
augmentant de 1ᵐ 66ᶜ, on obtiendra le profil exact ou

à peu près exact de la montagne, croquis à l'aide duquel il sera très-facile de projeter sur le plan les courbes horizontales.

Il est bien entendu que pour que le résultat obtenu soit exact ou à peu près exact, il serait nécessaire d'obtenir plusieurs profils, au moins deux, perpendiculaires l'un sur l'autre, et d'opérer graphiquement, comme nous l'indiquerons ci-après, pour le figuré du terrain.

Enfin, nous connaîtrons la hauteur de la montagne au-dessus du sol, par le nombre de stations multiplié par 1,66, hauteur de l'homme. Ainsi, dans la figure ci-dessus, le nombre de stations faites pour arriver au sommet est de 5 qui, multipliés par 1,66, donnent 8^m 30^c, plus la hauteur FG, ce qui donnerait, en chiffres ronds, 10^m d'élévation.

L'inclinaison de la pente sera donnée par le rapport entre la base et la hauteur de la montagne ou, pour être plus exact, par le rapport entre la base AK du triangle AKG et la hauteur KG de ce triangle. Or, cette base est de 30^m, la hauteur, 10^m; la pente sera donc 10/30, ou enfin 1/3.

On peut aussi employer ce moyen pour trouver l'inclinaison des rampes d'une route.

34. — Le procédé que nous venons de donner ne peut être efficacement employé que si la hauteur est aride et découverte; dans tous les cas, il est long et minutieux. En voici un autre, qui présente autant d'exactitude et qui est plus expéditif et plus pratique.

Soit la hauteur BDE, dont on veut connaître l'élévation; se munir d'un triangle en papier, comme il est

indiqué au n° 29. Se placer en A, par exemple, à une
distance connue du pied D de la hauteur à mesurer ;
tenir le triangle horizontalement vis-à-vis de l'œil droit

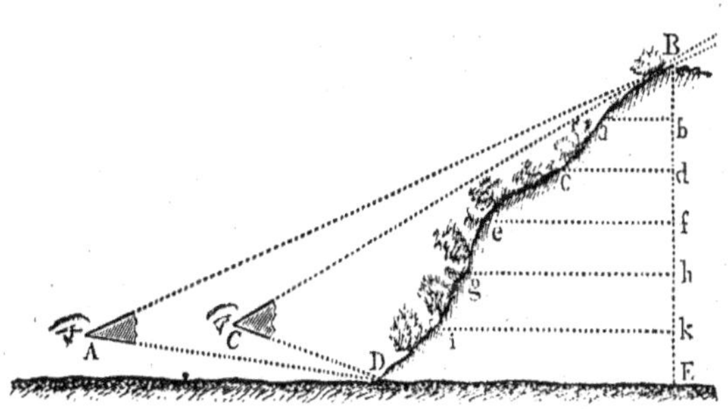

dans la direction de la hauteur et viser simultanément
le point culminant B et la base D, pour obtenir l'angle
formé par les deux lignes partant de l'œil, et reproduire
cet angle sur le papier avec un rapporteur (29), en
prolongeant arbitrairement les côtés AB, AD. Adopter
une échelle particulière telle que $\frac{1}{1,000}$, par exemple, et
noter, réduite à l'échelle adoptée, la distance AD, pour
obtenir le point D. Avancer sur la ligne AD d'une longueur quelconque mais connue, telle que 30 mètres par
exemple ; faire à ce point C la même opération qu'au
point A avec un nouveau morceau de papier en triangle ; on obtient alors un second angle que l'on porte
aussi sur le papier en menant la droite CB jusqu'à son

point d'intersection avec la ligne AB ; puis de ce point B, en abaissant une perpendiculaire à AE, et mesurant cette ligne BE à la même échelle que celle adoptée pour les angles , nous aurons la hauteur de la montagne *à son centre*. Il nous sera alors très-facile, puisque nous connaissons la hauteur de la montagne et la longueur de sa base à son centre, représentée par la ligne DE, de tracer le profil de cette hauteur et de le couper en tranches horizontales de 5 mètres. Si, par exemple, la hauteur totale est de 40 mètres , nous aurons huit tranches horizontales de 5 mètres chacune, ce qui nous donnera les lignes *ab*, *cd*, *ef*, *gh*, *ik*, *lm*, d'où en abaissant des perpendiculaires , nous pourrons reproduire les contours de la montagne , comme nous l'indiquerons plus loin. L'appréciation de la pente s'obtiendra comme nous l'avons indiqué au n° 33.

Du figuré du Terrain.

35. — Dans le dessin topographique , le terrain est représenté comme s'il était vu à vol d'oiseau , c'est-à-dire de haut en bas.

Le figuré du terrain se compose de deux parties, représentées toutes les deux par des projections horizontales : la *Planimétrie* , qui comprend l'étude et la représentation des plans ou surfaces planes, et le *Nivellement* , qui a pour objet de représenter les différences de niveau qui peuvent exister entre les diverses parties du terrain levé , au moyen de signes adoptés pour cet objet, et à exprimer le relief de ces parties du terrain.

36. — La planimétrie n'offre d'autres difficultés que celles qui peuvent résulter de la mesure des distances reliant entre eux les divers détails ou accidents du terrain, les divers objets qui le sillonnent ou le couvrent, et le figuré ou projection horizontale de ces divers objets.

Nous avons déjà vu les procédés employés pour mesurer les distances ; et, le tableau des signes conventionnels que nous avons dressé, donne le figuré de tous les objets qui peuvent se trouver sur le terrain.

Quant au nivellement, nous avons donné au numéro 33 les procédés à employer pour mesurer les hauteurs et en obtenir approximativement le dessin. Nous n'avons plus qu'à voir comment se figurent les hauteurs ou le relief du terrain sur le papier, de manière qu'à la simple inspection du dessin, on puisse connaître le relief du terrain représenté, ainsi que ses divers accidents.

37. — Si l'on se contentait de relever et de porter sur le dessin les points principaux du terrain avec la cote de chacun et la direction des pentes, le dessin, pour être un peu complet, serait couvert d'une trop grande quantité de nombres qui rendrait le travail incompréhensible.

Pour remédier à cet inconvénient, on a décrit plusieurs systèmes de représentation du terrain sur la feuille, mais le meilleur de tous, le plus simple et le plus intelligible, est sans contredit celui qui le représente au moyen de courbes de niveau, ou courbes horizontales.

Ainsi, l'on suppose qu'une montagne ou hauteur quelconque, est coupée par une série de plans horizontaux parallèles et distants les uns des autres d'une quantité constante. Ces plans secteurs, en rencontrant le terrain, déterminent à leur rencontre avec la surface des courbes suivant le contour du terrain, que l'on nomme sections principales.

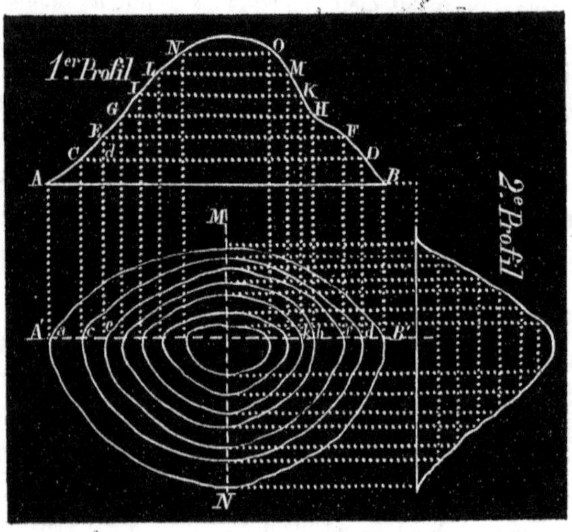

Supposons le profil de la hauteur figurée ci-dessus, coupé par des tranches horizontales d'une égale épaisseur, telle que 5 mètres, par exemple, par les lignes ou

plans secteurs CD, EF, GH, IK, LM, NO ; si de chacun
de ces points nous abaissons sur la ligne A'B' sur laquelle doit être établi le plan horizontal, des verticales
$a, c. e, g, i; k, h, f, d, b$, chacune de ces verticales, en
tombant sur cette ligne, déterminera la projection horizontale de chacun de ces points du premier profil. Si
ensuite nous traçons perpendiculairement au premier,
le deuxième profil que nous aurons obtenu, divisé, lui
aussi en tranches horizontales de 5 mètres d'épaisseur;
et si, de ces points de division, nous abaissons aussi
des perpendiculaires sur la ligne qui partagerait le
premier profil en deux parties égales, comme l'indique
la ligne MN, chacune de ces perpendiculaires déterminera de même la projection horizontale de chacun des
points extrêmes des tranches horizontales du deuxième
profil. Nous aurons donc obtenu ainsi la projection
horizontale de quatre points appartenant à chacune
des tranches horizontales, et en les réunissant par des
courbes qui, pour être tracées exactement, demande-
raient des calculs dont nous n'avons pas à nous occuper dans la topographie irrégulière, mais qu'avec un
peu d'habitude on peut tracer de manière à représenter
assez fidèlement les sinuosités des pentes, nous aurons
obtenu la projection horizontale complète où le plan de
la hauteur.

38.—La distance constante entre deux plans horizontaux, déterminant les sections principales, porte le nom
d'*équidistance*. Cette équidistance n'est pas arbitraire,
elle doit être graphiquement constante ; elle est déterminée par l'échelle, de manière que sur le dessin, elle

soit égale à un demi-millimètre. Ainsi, si le levé est au $\frac{1}{10,000}$, l'équidistance sera de 5 mètres; s'il est au $\frac{1}{20,000}$, elle sera de 10 mètres ; au $\frac{1}{80,000}$, elle sera de 40 mètres.

39. — Ce système de courbes horizontales est d'autant meilleur et d'autant plus simple qu'il permet de connaître de suite la hauteur du terrain ou des montagnes, en comptant le nombre de ses sections principales, puisque la distance entre chacun des plans représentés par ces sections est toujours constante, et que cette distance est indiquée au bas du plan sous le nom d'équidistance (distance égale). De même, il est facile d'apprécier la rapidité des pentes par l'intervalle qui sépare les courbes. Ainsi l'équidistance des tranches du profil ci-contre étant supposée de 5 mètres, six courbes donneront nécessairement 30 mètres d'élévation à la montagne; si l'équidistance était de 10 mètres, les six courbes donneraient 60 mètres; et, quant aux pentes, sans entrer dans l'appréciation de leur inclinaison exacte, il est aisé de voir que celle ac du plan est beaucoup plus rapide que celle kh, de même que dans les chutes verticales les courbes se confondent.

Si nous voulons apprécier exactement l'inclinaison des pentes, nous nous rappellerons que cette inclinaison est représentée par le rapport qui existe entre la base et la hauteur du triangle formé par une section horizontale ou par l'ensemble des sections, si la pente n'est pas uniforme. Ainsi si nous considérons le triangle CdE, la base cd, qui est égale à ce du plan, n'est autre chose que la distance entre les deux courbe cd, ef, la hauteur du triangle représente l'équidistance, donc la pente est facile à connaître, car si nous mesurons la base C*d*, et qu'elle soit égale à 0,010 , la hauteur étant égale à 0,005, la pente sera de $\frac{1}{10}$

40. — En dessinant à vue les courbes qui constituent les contours de la montagne ou de la hauteur, il faut avoir le soin de remarquer que ces courbes, pour être à peu près régulières, doivent suivre le contour de la crète de chaque tranche comme si toutes les tranches supérieures étaient enlevées, de manière que si les versants ou flancs des hauteurs dessinées se creusent pour former de petits vallons ou seulement des enfoncements un peu importants , les courbes doivent en donner, autant que possible, les sinuosités.

41. — Cette méthode de représentation du terrain s'applique non seulement aux élévations , mais encore aux excavations , quelles qu'en soient leurs formes ou leur profondeur. Mais , dans ce cas, pour bien faire connaître la différence entre l'élévation du terrain et l'excavation, les fonds sont indiqués par un peu d'eau que l'on représente par des hachures horizontales , comme l'indique la figure ci-dessous, ou par la cote de

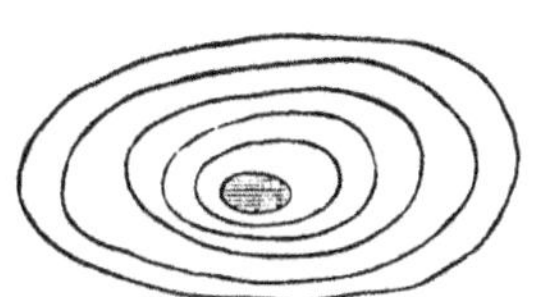

profondeur , écrite de manière à la faire distinguer

des autres cotes , si le fond ne contient pas d'eau.

42. — Pour obtenir le contour à peu près exact , ou même exact des courbes horizontales , on pourrait lever ces contours à la boussole, mais cette opération est encore longue et minutieuse, et nous le répétons, notre but , dans ces leçons , n'est pas de faire de la science , mais tout simplement d'indiquer les moyens les plus pratiques pour arriver à donner un aperçu approximatif de la configuration du terrain reconnu ; l'exactitude est donc ici secondaire.

CHAPITRE IV

SOMMAIRE. —— **Canevas des Levés à vue.—Moyens pour obtenir ce canevas. — Orientation du papier. —De la Boussole.—Description de cet instrument et manière de l'employer. — Orientation à l'aide du soleil — Autres manières pratiques de s'orienter.**

43. — On nomme canevas d'un levé, plusieurs points pris, soit sur une carte du pays, soit sur le terrain lui-même. Ces points, nommés points de repère, facilitent beaucoup le reste du levé. Si les points de repère sont pris sur une carte, ils offrent tout d'abord l'avantage de donner exactement l'orientation du plan, c'est-à-dire les quatre points cardinaux. Pris sur une carte, les points de repère sont ordinairement des lieux habités.

44. — Pour prendre le canevas sur une carte, on procède ainsi :

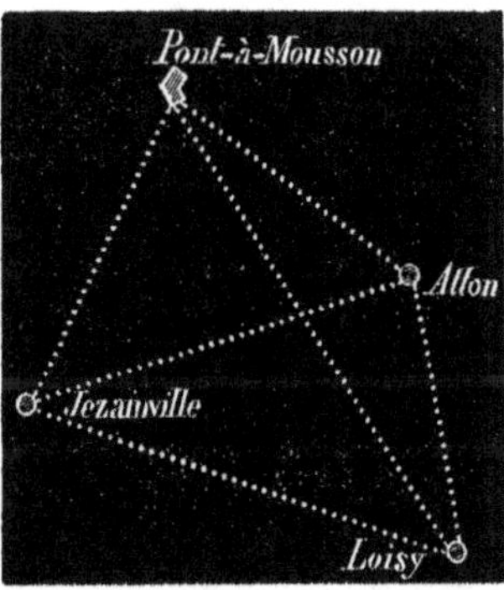

Soit à lever le terrain compris entre Pont-à-Mousson, Jezainville, Loisy et Atton; la carte étant au 80,000, le levé devant être fait au $\frac{1}{20,000}$, c'est-à-dire quatre fois plus grand ; tirer sur la carte des droites d'un point à un autre, comme l'indique la figure ci-dessus, les reproduire sur le papier 4 fois plus grandes en conservant l'égalité des angles mesurés avec un rapporteur, ou employer le moyen suivant :

Diviser la carte en un certain nombre de carrés, comme l'indique la figure ci-après, et reproduire sur le papier le même nombre de carrés 4 fois plus grands ; ensuite mettre dans chacun d'eux, le plus exactement possible, les points que l'on veut relever comme points de repère et qui se trouvent dans les petits carrés correspondants.

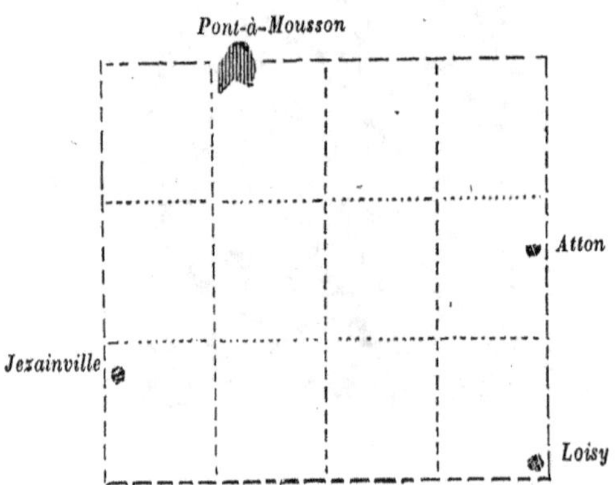

45. — Si l'on n'a pas à sa disposition une carte du pays, il faut prendre le canevas sur le terrain lui-même , et dans ce cas , il faut se transporter sur le point le plus élevé du terrain à lever , et orienter le papier sur lequel doivent être levés les points de repère.

Cette orientation est-elle indispensable? Nous pensons que non ; mais nous estimons aussi qu'il peut être très-utile et quelquefois nécessaire d'avoir cette orientation, afin de bien se rendre compte de la situation qu'occupent tant le terrain à lever que les divers détails qui le couvrent les uns par rapport aux autres et par rapport à un point connu.

Cela dit et ne voulant pas poser à cet égard de principes absolus, nous laissons à chacun le soin de déterminer si oui ou non il aura besoin d'indiquer l'orientation, et nous allons donner les divers procédés en usage pour obtenir cette orientation.

Orientation du Levé.

46. — 1ᵉʳ PROCÉDÉ. — Ce procédé consiste à employer la boussole ; mais avant d'aller plus loin, il importe de donner une description de cet instrument, et d'indiquer la manière de l'employer.

47. — On donne le nom de goniomètres aux instruments qui servent à mesurer les angles. Le goniomètre le plus en usage est celui qui repose sur la propriété qu'a l'aiguille aimantée de se diriger constamment vers le nord ; on lui a donné le nom de *Boussole*.

La boussole est un instrument qui se compose d'une circonférence ou cercle gradué qui se nomme *Limbe*, au centre duquel est un pivot fixe sur lequel repose l'aiguille aimantée qui conserve toute sa mobilité. Le limbe est fixé au fond d'une boîte dont un des côtés est ordinairement muni d'un tuyau par lequel on dirige le rayon visuel, la pointe de l'aiguille arrive sur la circonférence du cercle ou limbe dont elle indique la graduation.

48. — Pour obtenir l'orientation au moyen de la boussole, on la place horizontalement sur le carton

ou calepin sur lequel se trouve le papier, de manière
que l'aiguille joue librement sur son pivot; tourner la
boussole jusqu'à ce que la pointe aimantée, qui est
teintée en bleu, se fixe sur 22° à l'ouest du Nord vrai,
à cause de la déclinaison.

Le Nord vrai est invariable, et se trouve indiqué par
la boussole; il est ordinairement gradué O, tandis que
le point marqué par l'aiguille aimantée à 22° à l'ouest
se nomme méridien magnétique.

Cette déclinaison de l'aiguille aimantée est variable,
non seulement selon les temps, mais encore selon les
lieux. Pour la France, la déclinaison de l'aiguille aimantée est de 22° environ, et le *Bureau des Longitudes*
fait connaître chaque année cette déclinaison. Or,
comme il importe très-peu, pour les travaux topographiques irréguliers, que le Nord vrai se trouve d'un ou
deux degrés plus à l'ouest ou plus au nord, il suffit
de considérer la déclinaison moyenne qui est, comme
nous l'avons dit, de 22°.

49. — Lorsque la boussole se trouve déclinée, il
faut marquer avec le crayon les points indiquant les
quatre points cardinaux, et réunir ces quatre points
par deux lignes; celle du nord au sud prend le nom de
méridienne.

50. — 2ᵉ Procédé. — Si l'on n'a pas de boussole à
sa disposition, on peut y suppléer, pour orienter le levé,
de la manière suivante,

Le matin, au moment où le soleil apparaît à l'horizon,
et le soir, au moment où il disparaît, planter un jalon

verticalement, à l'aide d'un fil à plomb, l'ombre projetée par ce jalon sera perpendiculaire à la méridienne et donnera par conséquent l'est et l'ouest.

Quoique ce procédé puisse paraître puéril, puisque chacun sait que le soleil apparaît à l'est et disparaît à l'ouest, et que par conséquent le jalon soit une superfétation ; nous l'indiquons tel que nous l'avons trouvé dans différents auteurs.

51. — 3e Procédé. — Avant midi, à une heure quelconque, à 11 heures par exemple, et lorsque le soleil luit, planter verticalement en terre un jalon A, attacher un cordeau au pied de ce jalon, et avec le

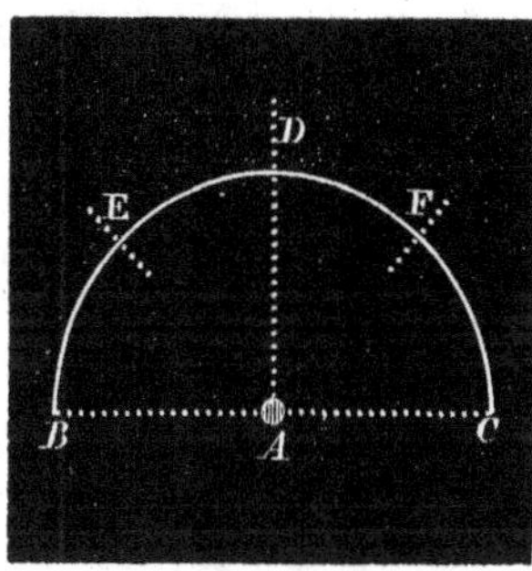

bout libre du cordeau, atteignant l'extrémité de l'ombre du jalon, c'est-à-dire avec cette ombre pour rayon, décrire promptement un arc de cercle BC sur le terrain ; l'ombre du jalon quitte cet arc de cercle au point E pour le rejoindre à 1 heure au point F. Prendre alors le milieu de l'arc EF, et la ligne de partage de cet arc sera la méridienne cherchée. Dans ce cas, l'extrémité de l'ombre indiquera le côté vers lequel se trouve l'ouest, et l'on aura exactement l'est et l'ouest par la perpendiculaire menée à la méridienne.

Si l'opération avait lieu à 10 heures, l'ombre rejoindrait l'arc de cercle tracé à 2 heures ; c'est pourquoi il faut choisir l'heure la plus rapprochée de midi, afin d'avoir l'orientation le plus tôt possible.

52. — 4ᵉ Procédé. — Encore un moyen pratique, basé sur l'observation, pour s'orienter sans boussole et sans soleil.

Remarquer l'écorce des arbres qui, du côté nord est ordinairement noire ou tachée, rugueuse ou couverte de mousse, tandis que du côté du midi elle est blanche, sèche, propre et lisse : avec cette indication, il est facile de trouver approximativement les quatre points cardinaux.

Emploi de l'Étoile polaire.

53. — Le meilleur moyen de s'orienter le soir, consiste à chercher l'étoile polaire qui se trouve placée dans la direction du pôle Nord,

L'étoile polaire est une des sept étoiles qui composent la constellation nommée la petite Ourse ; c'est la plus brillante de cette constellation.

La grande et la petite Ourse sont deux constellations remarquables par leur forme et leur position dans le firmament, au-dessus de notre horizon, pendant toute a durée de leur mouvement.

Ces deux constellations se composent chacune de sept
étoiles disposées de la même manière et situées près
du pôle nord; quatre de ces étoiles, dans chacune des
deux constellations constituent un quadrilatère terminé
par une queue formée par les trois autres étoiles;
leur disposition générale présente assez régulièrement la forme d'un chariot, ce qui leur a fait donner aussi ce nom, on dit donc indifféremment, le grand
ou le petit Chariot, la grande ou la petite Ourse.

Pour trouver l'étoile polaire située à l'extrémité de
la queue de la petite Ourse, il faut réunir par une ligne
idéale les deux étoiles qui forment le derrière ou la

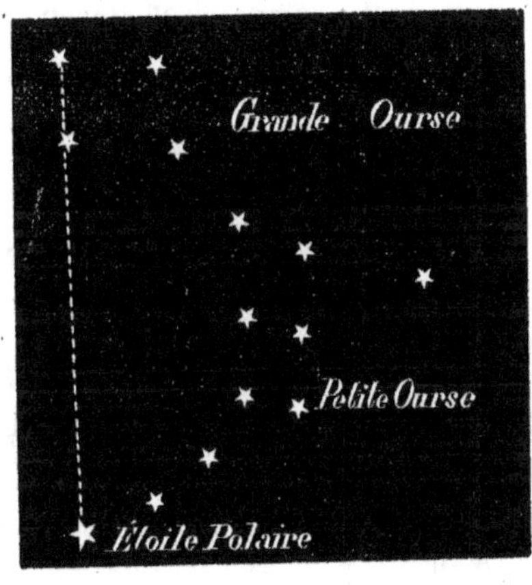

partie postérieure du grand chariot, et cette ligne prolongée va rencontrer l'étoile polaire.

Enfin, comme moyen suprême d'orientation, si les précédents ne peuvent être mis en usage, il faut avoir recours aux habitants, qui indiqueront toujours au moins le lieu où le soleil se lève et celui où il se couche.

54. — Quel que soit le moyen employé pour obtenir l'orientation du levé, il faudra toujours commencer par tracer sur le papier, et au crayon, la méridienne et sa perpendiculaire, en remarquant sur le terrain les objets apparents éloignés ou rapprochés, qui se trouveraient sur le prolongement de ces lignes, et noter ces objets sur le papier, après avoir apprécié leur distance du point de station.

55. — Le papier étant ainsi orienté, pour prendre le canevas du terrain, ou tout au moins des points de repère, il faudrait être muni d'une équerre d'arpenteur placée de manière que les pinnules correspondissent aux quatre points cardinaux, puis viser par chacune des pinnules intermédiaires les objets qui se trouveraient dans le rayon visuel, et indiquer ces objets sur le papier en appréciant leurs distances au point central de station, comme il est indiqué aux nᵒˢ 17, 18, 19, 20, 21; reproduire ces objets à l'échelle à la distance voulue sur le papier, et l'on aurait ainsi un canevas contenant un nombre de points de repère suffisant pour un levé à vue.

Si certains des points observés se trouvaient à une distance telle, ce qui sera très-rare, qu'ils ne dussent point être compris dans le levé, on y suppléerait par des jalons placés, dans leur direction, aux limites du ter-

rain à lever, mais on trouvera toujours sur le terrain
à lever le nombre de points de repère nécessaire.

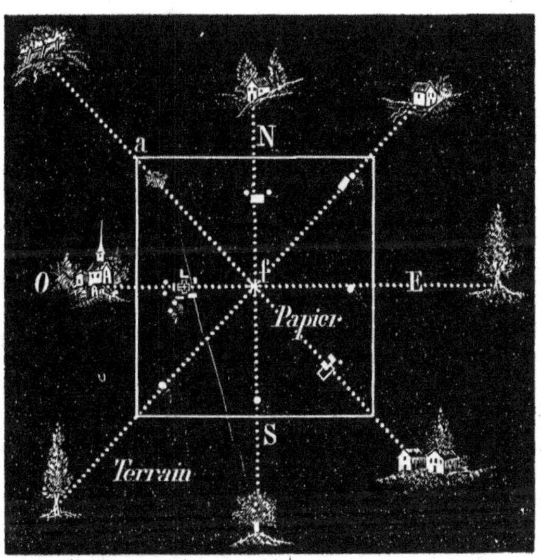

56. — Comme il n'est pas possible d'emporter avec
soi, en expédition, une équerre d'arpenteur, on peut
suppléer à cet instrument par une équerre que chacun
peut se construire soi-même, et qui se compose d'une
petite planchette clouée sur un bâton, sur laquelle on
placera cinq épingles ou cinq petites pointes plan-
tées à angle droit, formant entre elles deux droites
perpendiculaires.

On se sert de cette planchette comme de l'équerre ordinaire.

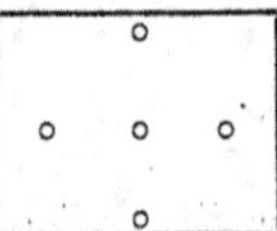

57. — Dans les cas qui précèdent, nous avons supposé le terrain assez uni et assez découvert pour permettre, de son point central, d'embrasser en entier le polygone à lever et par conséquent d'obtenir le canevas du terrain avec une seule station ; mais si le terrain est accidenté ou couvert, on le divisera en quatre ou en huit parties égales, et plus s'il est nécessaire.

Ainsi le terrain étant divisé en quatre parties égales par les deux perpendiculaires des quatre points cardinaux, on opérerait pour chaque carré comme nous l'avons indiqué pour le terrain entier, seulement dans ce cas il suffirait d'orienter un seul carré, car les côtés de ces carrés étant adjacents aux autres carrés, il n'y aurait qu'à prolonger les premiers.

58. — Les deux perpendiculaires marquant les points cardinaux, les deux diagonales tirées dans le carré, divisent ce carré en huit triangles égaux dont l'hypothénuse commune a deux triangles, est formée par la moitié de l'une des diagonales, ce côté du triangle est de $\frac{4}{10}$ plus long que chacun des autres côtés ; ainsi, si le côté f, o, par exemple, est de 750^m, celui de l'hypo- thénuse f, a, est de $1,050^m$, il est donc facile de mesurer les diagonales du polygone, connaissant la longueur des côtés d'un triangle.

59. — Nous avons dit que l'on doit toujours choisir pour point de station d'un polygone le point le plus élevé du terrain ; mais il n'est pas indispensable que ce point de station soit précisément au centre ; il peut se trouver en un point quelconque de l'intérieur, comme nous allons le démontrer plus loin. De plus, comme il peut arriver le plus souvent qu'on ne puisse pas faire usage de l'équerre construite au moyen d'une petite planchette, que d'ailleurs ce moyen ne présente pas d'après nous toutes les facilités désirables comme célérité et exactitude, nous allons en indiquer un autre qui permettra d'y suppléer et d'opérer sans autre ins- trument qu'un carnet, un crayon et un double décimè- tre, comme cela a lieu ordinairement en présence de l'ennemi.

Il faut orienter le carnet par l'un des procédés indi- qués p. 44 et suivantes ; puis du point de station choisi, et qui doit être le plus élevé possible, afin de découvrir l'ensemble du terrain à lever, former des triangles, en visant avec deux aiguilles ou deux épingles que l'on piquera verticalement sur le carnet, les objets éloignés ou rapprochés qui pourraient servir de points de re- père. On placera la première aiguille au point d'où

partent les rayons visuels, et l'autre alternativement
sur la direction de tous les objets à viser, après avoir,
comme nous l'avons déjà dit au n° 53, mesuré et re-
porté sur le carnet la ligne visée réduite à l'échelle avec
le double décimètre.

60. — Ce procédé est des plus simples : il n'exige
qu'une seule chose, que le calepin soit fixé de manière
à pouvoir tourner autour, et rayonner autour de soi en
visant les aiguilles, afin de pouvoir entourer la station
de triangles.

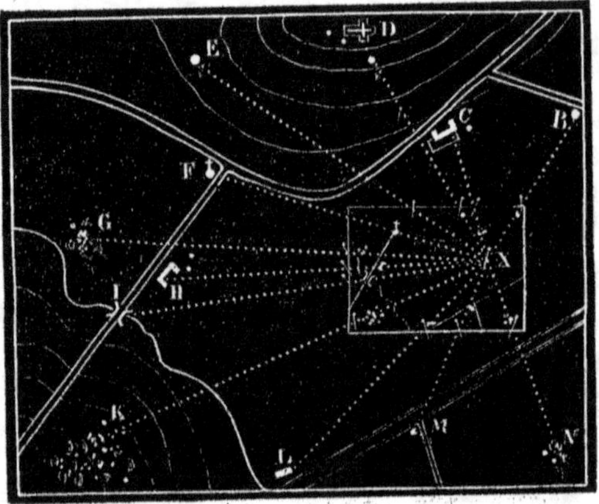

Ainsi, soit à lever le terrain représenté par la figure
ci-dessus, le point de station étant X, on viserait succes-

sivement de ce point tous les points saillants du terrain,
représentés par B, C, D, E, F, G, H, I, K, L, M, N,
et l'on représenterait sur la feuille ces points à l'é-
chelle voulue, après avoir apprécié leur éloignement
du point de station. Ces points de repère obtenus, il
sera facile de lever les autres détails du terrain, tels
que routes, chemins, cours d'eau, etc., en procé-
dant comme il sera indiqué au chapitre suivant.

Lorsqu'on a pris le canevas sur une carte du pays,
il faut, avant de lever les détails qui y sont renfermés,
orienter ce canevas par un des moyens indiqués et vérifier autant que faire se pourra l'exactitude de la position des lieux indiqués, par un des moyens que
nous venons de donner. Si cette position n'était pas la
même sur le terrain et sur la carte, il faudrait la recti-
fier sur le levé avant de le continuer,

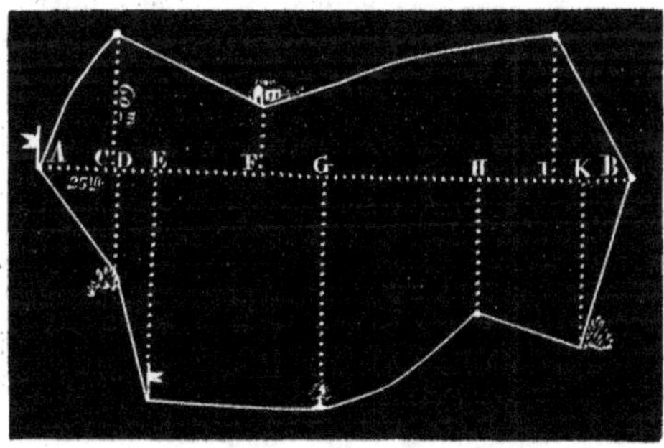

61. — Après' avoir exposé les différents procédés
en usage pour obtenir le levé à vue, sans instrument,

d'un terrain d'une certaine étendue, nous allons mentionner le procédé suivant relatif au levé d'une petite surface.

Soit à lever le polygone représenté par la figure ci-contre, soit comme terrain propre à établir un camp, un bivouac, un ouvrage de fortification, ou pour tout autre objet, on opérerait ainsi qu'il suit.

Déterminer et jalonner la ligne la plus longue joignant deux des angles du polygone, cela fait, cheminer sur cette ligne, en partant de l'une des extrémités telle que A et au moyen de l'équerre construite avec une planchette (Voir le n° 56), élever des perpendiculaires partant de cette ligne, et allant aboutir à chacun des angles du terrain, angles remarqués et déterminés soit par des objets naturels tels que des arbres, des maisons, des buissons, ou par des jalons. Mesurer au pas, ou avec la chaîne d'arpentage, si l'on opère régulièrement, la distance qui sépare le point A du point de station C, et porter cette distance sur une ligne arbitraire tracée sur le papier et représentant la ligne d'opération. Mesurer ensuite la perpendiculaire élevée du point de station C au 1er angle du terrain, tracer sur la ligne d'opération cette perpendiculaire en y joignant sa longueur; se porter, en tâtonnant, sur la ligne, jusqu'à ce qu'on ait trouvé le point D où doit être élevée une seconde perpendiculaire; mesurer, comme précédemment, la distance qui sépare le point C du point D, porter cette distance le long de la ligne sur le papier, y tracer cette seconde perpendiculaire, la mesurer, porter la longueur trouvée sur la ligne du papier, et continuer ainsi l'opération jusqu'au point extrême B de la ligne AB.

Si, dans le terrain à lever, il y a des détails, les relever au fur et à mesure qu'on avance sur la ligne AB, les reproduire sur le papier avec l'indication de l'appréciation de la distance qui les sépare de la ligne d'opération.

Ce premier travail terminé, réduire à l'échelle adoptée pour le dessin les différentes longueurs obtenues et notées sur le croquis. Chacune des perpendiculaires sera alors régulièrement placée et aura sa longueur réelle, et en joignant par des lignes droites ou courbes, selon le cas, les extrémités de ces perpendiculaires, on aura exactement le polygone qu'il s'agissait de lever, avec tous les détails qui y existent.

De plus, s'il est nécessaire de connaître la surface de ce polygone, nous emploierons les calculs relatifs à la mesure des surfaces, calculs que nous allons indiquer ici comme aide-mémoire. Ces calculs sont les suivants : 1° La surface des triangles s'obtient en multipliant la base par la moitié de la hauteur et réciproquement ; 2° Celle des trapèzes s'obtient en multipliant la 1/2 somme des deux bases parallèles par la hauteur ; 3° Enfin les parallélogrammes s'obtiennent en multipliant la base par la hauteur.

CHAPITRE V

---

62. — Lorsque le canevas d'un terrain a été dressé, il faut procéder au levé des détails de toutes ses parties. Ce qui, dans ces détails, a le plus d'importance au point de vue militaire, ce sont les relations qui peuvent exister entre les diverses voies de communication, soit par terre, soit par eau, et enfin, l'appréciation exacte des distances et les accidents naturels du terrain qui peuvent constituer ce que l'on nomme des positions militaires.

La manière d'exprimer et de reproduire les détails d'un levé se trouve dans le tableau des signes conventionnels, qui renferme toutes les indications nécessaires.

Pour procéder au levé des détails, on pourra employer un des moyens suivants.

Levé et reproduction des sinuosités d'un cours d'eau.

63. — Pour reproduire les sinuosités d'un cours d'eau, on peut se servir d'une équerre d'arpenteur ordinaire ou de l'équerre construite à l'aide d'une planchette (56), et l'on opère de la manière suivante :

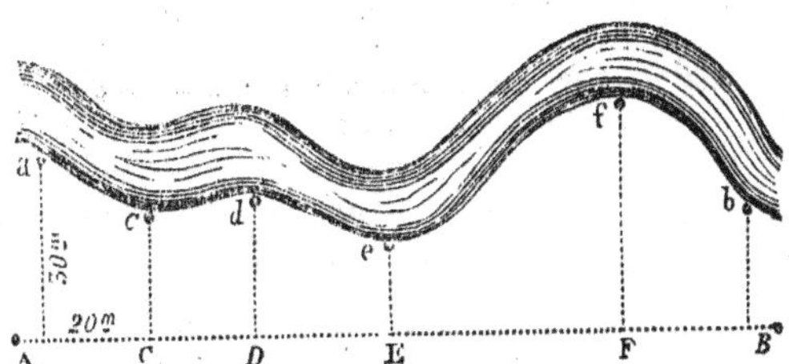

On jalonne par les deux extrémités une ligne droite AB tracée dans la direction du cours d'eau, cette droite est reproduite sur le papier.

Cela fait, on chemine sur cette droite avec l'équerre ou la planchette-équerre, en comptant les pas, on s'arrête au point que l'on veut relever, on y établit la planchette-équerre et l'on vise ce point, de manière que le point de départ, le point de station et le point visé, se trouvent à angle droit, on reporte sur le papier, à l'échelle adoptée, la distance parcourue sur la droite AB, comme l'indique la figure ci-contre. On mesure la ligne C c, on porte cette distance sur le papier, et l'on continue l'opération en s'arrêtant successivement et relevant chacun des points D, E, F, G, H, I, etc. Tous les points principaux des sinuosités du cours d'eau étant relevés et portés sur le papier à l'échelle, il ne reste plus qu'à réunir par une ligne courbe toutes les extrémités des perpendiculaires obtenues, et l'on aura les sinuosités du cours d'eau.

Il est bien entendu que plus on fait de stations, plus la courbe obtenue est exacte.

Levé d'un cours d'eau à la Boussole.

64. — Si l'on a à sa disposition une petite boussole de poche, le levé des rivières et cours d'eau est plus facile qu'avec la planchette-équerre ; on opère ainsi.

Soit le cours d'eau figuré ci-contre, on se place au premier point à relever, point déterminé d'avance sur le papier par un des procédés expliqués pour relever les points de repère (Voir les n⁰ˢ 54 à 60), soit le point A. Tenant la boussole horizontalement, de manière que le centre se trouve placé au point où doit être construit l'angle que l'on cherche ; on décline la boussole, c'est-à-dire qu'on la tourne jusqu'à ce que l'aiguille aimantée soit à 22° à l'ouest du Nord vrai, et alors, la ligne du Nord vrai figurée sur notre dessin, et la partie AB de la rivière, forment entre elles un angle que nous trouvons sur la boussole être de 90°. Au moyen d'un rapporteur en corne, faisons au point A

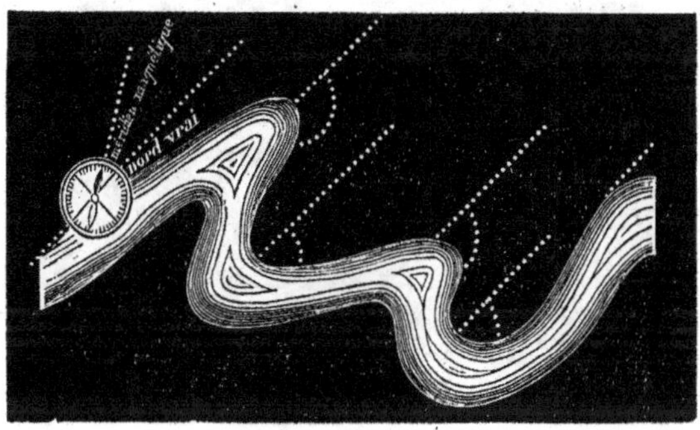

un angle de 90°, dont un des côtés sera la ligne du Nord vrai que nous aurons tracée sur le papier ; traçons le côté AB, mesurons cette distance au pas, reportons-la à l'échelle sur la ligne AB du dessin, et nous aurons le premier tronçon du cours d'eau. Opérons de la même manière à tous les points que nous voulons relever, comme l'indique la figure ci-dessus.

Nous ferons remarquer que sur le dessin, toutes les

lignes indiquant le Nord vrai doivent être parrallèles entre elles.

Les routes, chemins, etc., se lèvent de la même manière, et s'il s'agissait de lever à la boussole le contour d'une montagne ou hauteur quelconque, l'opération serait la même et présenterait les dispositions indiquées par la figure ci-après.

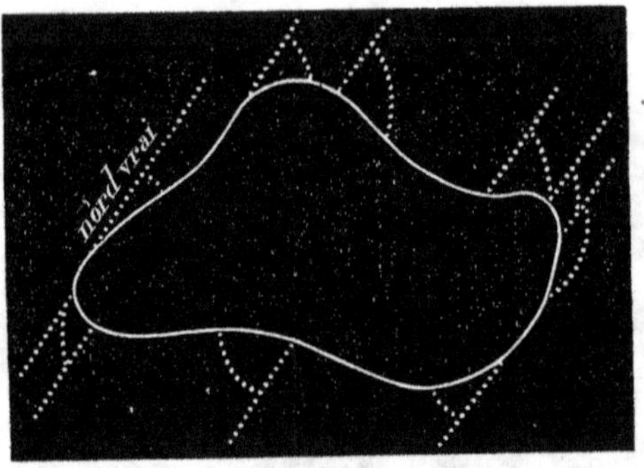

Tracé des voies de communication et Levé des détails.

65. — Le tracé des voies de communication s'exécute ordinairement à l'aide de la boussole comme nous l'avons déjà dit et comme nous l'avons expliqué pour les cours d'eau ; cependant à défaut de boussole, on pourrait opérer de la manière suivante :

Soit le canevas du terrain figuré ci-après, comportant un carré de 1,000^m de côté à l'échelle de $\frac{1}{10,000}$, divisé en 8 triangles égaux, et ayant à chacun de ses angles un point de repère naturel, nous opérerons ainsi :

Nous mesurerons sur le terrain la distance qui sépare l'arbre H de l'entrée de la route K, et nous porterons cette distance à l'échelle sur le canevas, puis du point K, au moyen de deux épingles piquées sur le canevas dans la direction du premier tronçon de la

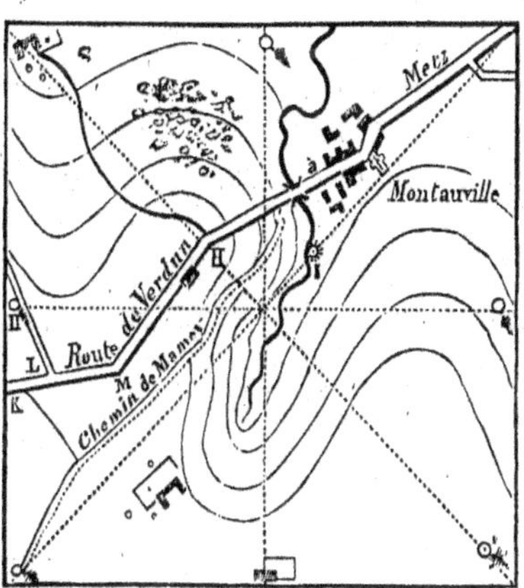

route de Verdun à Metz, nous prendrons et tracerons la direction de cette partie de la route. Arrivé, après en avoir mesuré la distance, au point où se trouve un embranchement, nous tracerons cet embranchement et sa direction en déclinant le dessin de la manière suivante : Se placer, tournant le dos à la route parcourue,

tenant le papier devant soi de manière que la direction
de la route, tracée sur le dessin, coïncide avec celle de
la route sur le terrain, puis on trace, sur le dessin, la
direction de l'embranchement de telle sorte que l'angle que les lignes forment sur le papier, soit le même
que celui qu'elles forment sur le terrain, ce qui se fait
assez exactement avec un peu d'habitude.

Mesurer au pas la distance qui sépare l'embranchement L du coude M, porter cette distance à l'échelle sur
le canevas, et, au point M, décliner le papier comme
nous venons de l'indiquer, pour avoir la direction MN,
que l'on mesurera et reproduira comme il a déjà été
indiqué ; l'on continuera l'opération jusqu'à l'extrémité
de la route qui se termine au point de repère C.

On agira de même pour le chemin de Mamey.

66. — Pour le levé des détails qui avoisinent les
routes, chemins ou cours d'eau, il est bien entendu qu'il
doit être fait au fur et à mesure qu'on lève le tracé des
communications, et ainsi qu'il suit :

A 300 mètres du coude M de la route de Verdun à
Metz, se trouve une auberge sur le bord de la route. On
la porte sur le papier comme l'indique la figure ci-
dessus.

A 200^m de ce point se présente, sur la droite, l'embranchement de la route de Mamey ; indiquer cet embranchement sur lequel on reviendra plus tard. A hauteur de ce point, sur la gauche, et à une distance qu'on
appréciera par les moyens indiqués, se trouve un petit
bois, dont on estimera l'étendue, et que l'on reproduira
à l'échelle sur le papier.

Toujours au même point, sur la route, se trouve un petit pont, qu'on indiquera, ainsi que la direction du cours d'eau auquel il donne passage.

Enfin on levera, aussi exactement que possible, le village de Montauville. Pour le levé des lieux habités, il est inutile d'en avoir exactement le plan, on se contente ordinairement d'en reproduire à peu près les contours avec une ou deux rues principales, auxquelles on appuie à vue, des massifs conventionnels de maisons.

L'opération que nous venons de faire pour la route de Verdun devra être faite pour le chemin de Mamey, et l'on indiquera le moulin et la ferme qui se trouvent dans ses environs.

Quant aux cultures, aux friches, etc., il est inutile de les mesurer champ par champ ; c'est une opération cadastrale dont nous n'avons pas à nous occuper ; on fait ce remplissage, qui a très-peu d'importance, à vue, dans chaque triangle, lorsque le pays est découvert, ou au fur et à mesure qu'on lève les routes, chemins, sentiers, etc.

67. — Il ne faut pas omettre d'exprimer, dans le levé des détails, les plus petites inégalités de terrain, telles que chemins creux ou en remblai, routes encaissées ou en chaussée, les ravins, les carrières, les escarpements, les encaissements des rivières et des ruisseaux, les fossés permanents, les fortes haies et les clôtures fixes qui séparent les propriétés, les arbres isolés qui pourraient servir de point de ralliement ou d'orientation, etc. Pour la reproduction de tous ces

détails,on consultera le tableau des signes conventionnels et du figuré du terrain.

68. — Pour donner le figuré du terrain de la figure
précédente, qui constitue un plateau d'une vingtaine
de mètres d'élévation au-dessus du cours d'eau , on se
contentera d'en lever le plus exactement possible les
contours , et l'on divisera cette hauteur de 20^m en
4 tranches qui représenteront chacune 5^m d'élévation.

69. — Les deux manières d'opérer que nous venons de décrire, soit par des triangles à l'aide de points
de repère naturels (n° 60), soit au moyen du parcours
du terrain (n° 62 et suivants), se nomment, par analogie, avec ce qui se fait dans les levés réguliers, la
première, méthode de recoupement, et la seconde, méthode par cheminement. Cette dernière s'emploie généralement lorsque le pays est accidenté ou couvert, et
qu'on est forcé de le parcourir en entier pour le lever
et pour le reconnaître.

Cette méthode nous paraît être la meilleure, car c'est
la seule qui permette de bien voir le terrain; de reconnaître tous ses accidents et les détails qui le couvrent,
et d'apprécier leur importance au point de vue militaire.

Cependant il peut , surtout en campagne, se présenter des circonstances où l'on soit obligé de faire tout à
la fois , c'est-à-dire le canevas et le levé complet d'une
seule et même station. Dans ce cas, il devient indispensable de choisir le point le plus élevé du terrain,
d'opérer comme il est indiqué aux n°s 57 et suivants,

et d'avoir recours aux habitants pour obtenir les renseignements nécessaires sur les parties du terrain qu'on ne peut apercevoir sur les les distances, l'état des lieux, etc., etc. Cette manière d'opérer peut présenter de nombreuses inexactitudes ; on ne l'emploie que lorsqu'il y n'y a pas possibilité de faire autrement.

Des Profils.

70. — On nomme profil, la figure que l'on obtient en coupant le terrain, suivant une direction déterminée.

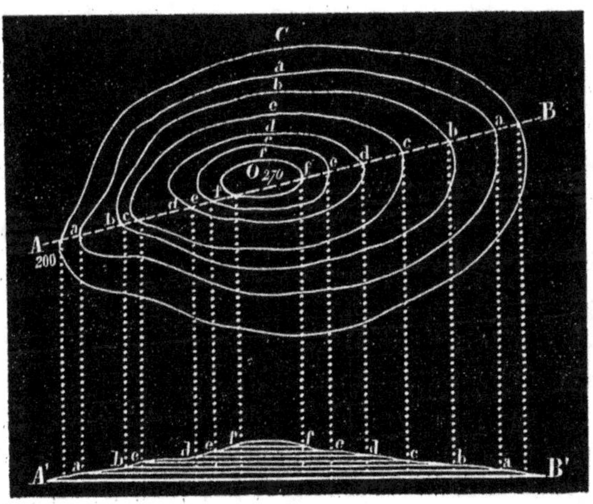

minée, par un plan vertical, dont la trace sur le plan de projection est une ligne droite.

La construction du profil d'une hauteur ne présente aucune difficulté. Supposons qu'il s'agisse de construire un profil suivant un plan vertical représenté par la trace horizontale AB.

Chaque section principale, ou plutôt chaque plan des sections principales, telles que ACB, $aa'a$, $bb'b$, $cc'c$, etc, étant parallèle au plan de projection, la trace de chacun de ces plans, sur le plan du profil, qui est vertical, sera parallèle à la trace AB, comme intersection de deux plans parallèles, par un troisième.

Si donc nous reportons la ligne AB en A'B' sur un des côtés du dessin, et si nous menons parallèlement à cette ligne des droites équidistantes entre elles de 0,0005 ou 1/2 millimètre, telles que aa, bb, cc, etc., chacune de ces parallèles sera, sur le plan vertical du profil, la trace d'un plan horizontal d'une section principale, et contiendra à chacune de ses extrémités un point de la courbe du terrain. Or, ce point est parfaitement déterminé ; car il suffira de porter, sur A'B', les distances de chacun des points de rencontre des projections horizontales avec la courbe de l'espace à partir de A' représentant A, et d'élever à chacune de ces distances des perpendiculaires égales aux côtes des différents points, côtes qui sont données par le rang de chaque courbe. Réunissant ensuite les extrémités de ces perpendiculaires par une ligne, on obtient la courbe intersection du plan vertical avec le terrain, c'est-à-dire le profil de ce dernier.

Le procédé que nous venons de donner, qui doit être employé lorsque le levé est fait avec exactitude, est remplacé le plus souvent, surtout en campagne, par des profils par à peu près, construits en dessinant à vue la courbe du terrain, de manière à en former en quelque sorte un croquis qui en fasse bien ressortir les divers accidents et indiquer les commandements utiles des divers points les uns sur les autres.

71. — Les courbes équidistantes ou les hachures qui représentent le relief du terrain ne permettent pas toujours d'apprécier bien exactement l'importance que peut avoir au point de vue militaire telle ou telle position, il est donc indispensable de donner le profil aussi exact que possible des hauteurs qui peuvent être considérées comme des positions militaires. Ces profils s'établissent sur une des marges du dessin, et leur direction est déterminée par une ligne pointillée tracée sur le plan comme l'indique la figure ci-dessus. Or, pour reporter le profil d'une hauteur sur une des marges du dessin, on procède ainsi :

On établit la ligne base du profil, soit la ligne A'B' de la figure ci-contre, puis on trace des parallèles à cette ligne, espacées entre elles d'un demi-millimètre. Cela fait, avec un compas ou avec le double décimètre on mesure sur la ligne de direction du profil, soit la ligne AB du dessin, la distance qui sépare les courbes A *a*, *ab*, *bc*, *cd*, etc., et on porte au fur et à mesure ces distances sur la ligne base du profil, puis à ces points on élève des perpendiculaires et on réunit ces perpendiculaires par une ligne courbe qui donne les sinuosités du profil.

L'indication de la direction du plan vertical déterminant le profil , se donne par les mots : *Profil suivant AB*, placé au-dessus du profil.

72. — La base d'une position militaire est le point le plus bas du sol lorsque la cote de hauteur au-dessus du niveau de la mer n'est pas connue, ce qui arrive généralement si l'on n'a pas pu se procurer ce renseignement sur une carte topographique du pays. Dans ce cas, cette cote prend le chiffre 0, et le point culminant, la cote de hauteur au-dessus du sol. Mais si la cote de hauteur au-dessus du niveau de la mer est connue, la base et le point culminant, prennent les cotes de hauteur connue.

Ainsi, si nous supposons que le point A est à 200^m au-dessus du niveau de la mer, le point culminant O, qui a 70^m d'élévation au-dessus du point A, prendra la cote 270. Dans ce cas, ces cotes prennent le nom d'*altitude*, et si le niveau de la mer est inconnu, les cotesde hauteur au-dessus de 0 prennent le nom *d'élévation*.

La hauteur des positions militaires s'obtient par les procédés décrits pour toutes les hauteurs (chapitre III).

CHAPITRE VI.

Des Itinéraires.

73. — De toutes les opérations relatives à la topographie, celle qui se présente le plus fréquemment, surtout pour les officiers et sous-officiers d'infanterie et de cavalerie, c'est un itinéraire, autrement dit la reconnaissance d'une route.

Cette reconnaissance a pour but de faire connaître la

nature de la route que doit suivre une colonne, un convoi, etc., les divers accidents qu'elle présente, les points remarquables qu'elle offre, la nature du terrain à 400 ou 500ᵐ de chaque côté, ainsi que les diverses positions bonnes ou mauvaises qu'on peut y trouver.

La carte d'un itinéraire se compose de cinq colonnes d'inégale largeur. Dans la première, on écrit les heures de marche ; dans la seconde, on évalue la distance en kilomètres ou en mètres ; la troisième contient le travail topographique ; dans la quatrième, on fait les croquis ou les profils des objets remarquables ; enfin la cinquième colonne contient l'ensemble des renseignements qui pourraient être nécessaires pour la rédaction du mémoire descriptif dont nous parlerons plus loin.

74. — Le levé à vue d'une route s'exécute, en marchant, sur les feuilles d'un calepin et avec un crayon, sans quitter la route.

Le papier peut être divisé à l'avance en petits carrés d'un centimètre, si l'échelle est au $\frac{1}{10,000}$, ou de 5 mill., s'il est au $\frac{1}{20,000}$, chacun de ces carrés représente 100ᵐ du terrain.

On commence, au départ, par le bas du papier, qui, dans ce cas, n'a pas besoin d'être orienté, et on met au fur et à mesure qu'on a parcouru 100 mètres, et en avant de soi, tout ce qui se rencontre sur le terrain et qui se trouve ainsi réduit à l'échelle voulue.

Au point de départ, on trace une ligne qui représente la première direction de la route à suivre, puis on suit cette direction jusqu'à ce qu'elle change, en ayant soin de noter l'heure du départ, celle du changement de direction où l'on s'est arrêté, les objets que l'on a rencontrés sur la route ou compris dans l'espace à lever à droite et à gauche, ainsi que le temps ou la distance qui sépare chacun d'eux de la route (Voir 63 à 66).

Nous avons dit qu'on suivait la route jusqu'à ce qu'elle change de direction. Cependant, si cette route se prolongeait toujours en ligne droite, ou au moins pendant un temps assez long, il faudrait s'arrêter lorsque les objets notés deviendraient assez nombreux pour faire craindre qu'on en oubliât quelques-uns.

Arrivé à un changement de direction, on trace celle que prend la route en déclinant le papier de la manière suivante : On tourne le dos à la route que l'on vient de parcourir, et l'on place le papier devant soi de manière que la ligne représentant la direction parcourue coïncide avec celle de la route, alors on indique par une nouvelle ligne droite la nouvelle direction à suivre, de manière que l'angle formé par les deux lignes sur le papier soit sensiblement le même que celui que forment les deux directions de la route.

On indique, par des hachures ou par des courbes, les pentes de la route et du terrain et l'on note celles dont la rapidité exige l'enrayage en prenant pour point de départ que toute pente de plus de $\frac{1}{18}$ exige l'enrayage. Si les pentes sont tellement rapides qu'il y ait nécessité de prendre des chevaux de renfort pour les gravir, on l'indique dans la colonne des renseignements, et dans le mémoire descriptif qui accompagne le levé topographique.

Quand la route ou des parties de la route sont encaissées, ou en chaussée, il faut en donner des profils, ainsi que celui des ponts traversés (63 à 66).

Afin de bien faire comprendre le dressé topographique d'un itinéraire, nous donnons, ci-après, comme spécimen de ce genre de travail, le croquis autographié d'une partie de la route de Pont-à-Mousson à Metz.

75. — Lorsque celui qui est chargé de la reconnaissance d'une route n'a pas encore acquis l'habitude du dessin, il peut remplacer le plan topographique dont nous venons de parler par un itinéraire en tableau contenant huit colonnes, dont nous donnons le modèle ci-après.

La 1re colonne indique les noms des lieux que traverse la route ; la seconde fait connaître la distance entre les divers points remarquables que l'on peut rencontrer ; dans la troisième, on indique la nature de la route, son état d'entretien, les points remarquables, tels que changements de direction ou de construction, embranchements de route, mauvais pas, ponts, gués, etc., la quatrième donne la longueur en mètres de chaque accident ; la cinquième donne les différentes variations que subit la largeur de la route lors de la rencontre de ces divers accidents ; dans la sixième, on place les vues ou profils dont nous avons déjà parlé plus haut ; la septième comprend les détails descriptifs sur la nature de la route, sur le terrain qu'elle parcourt, sur les villes ou villages qu'elle rencontre, sur les points pouvant servir de positions militaires, en un mot sur tous les objets présentant quelque importance militaire à droite et à gauche de la route jusqu'à la distance de 3 à

ITINÉRAIRE de la route de Pont-à-Mousson à Pagny.

(Faisant partie de celle de Pont-à-Mousson à Metz).

NOMS DES LIEUX.	Distance entre les points remarquables.	NATURE de la route, ses détails, ses accidents.	Étendue des accidents qu'elle présente.	Largeur de la route dans ses différentes parties en mètres.	DÉTAILS descriptifs sur le terrain statistique, etc.	OBSERVATIONS GÉNÉRALES.
PONT-A-MOUSSON		La route est en terrain horizontal ; elle est bordée, sur une longueur de 250 mètres, par des habitations et des jardins clos de murs.	250m	10m	La ville de Pont-à-Mousson est située sur la Moselle, qui la divise en deux parties inégales ; celle située sur la rive droite, portant particulièrement le nom d'*Autre Ville*. Elles sont réunies au moyen d'un pont en pierres de construction ancienne de 6 mètres de largeur.	À gauche de la route, à une distance moyenne de 150 mètres, passe la voie ferrée de Nancy à Metz, qui coupe la route, comme nous l'indiquons plus loin.
	600m	Chemin de traverse se rendant à Norroy.				À droite de la route, coule la Moselle que l'on canalise.
	400m	Passage à niveau sur le chemin de fer de Nancy à Metz.			La voie ferrée étant plus élevée que la route, deux rampes donnent accès, une de chaque côté, sur le passage à niveau, où il existe une maison de garde-barrière.	
	200m	La route change de direction vers la droite, et se rapproche de la voie ferrée.			La route, depuis Pont-à-Mousson jusqu'à Pagny, est dominée à gauche par les hauteurs de la forêt de Puvenelle et par les collines qui y font suite, couvertes de vignes.	
	400m	Le chemin de fer passe sur un viaduc de neuf arches de 4 mètres d'élévation.				
	200m	Le chemin de traverse indiqué plus haut rejoint la route.				
NORROY	200m	CHEMIN DE NORROY.			Ces maisons, qui dépendent du village de Norroy, sont situées entre les deux chemins qui conduisent à ce village, un pour ceux venant de Pont-à-Mousson, l'autre pour ceux venant de Pagny.	
	200m	Maison et auberge sur la route. La route qui montait en pente douce, descend sur Vandières.				
VANDIÈRES	1,000m	Le village de Vandières est situé entre deux hauteurs sur un petit ruisseau nommé le Trey, que l'on traverse sur un petit pont en pierres d'une bonne construction.	12m	8m	À l'entrée du village, se trouvent deux chemins, l'un qui forme une des rues du village à gauche, aboutit dans les vignes ; l'autre à droite, traverse à niveau le chemin de fer, et il sert à l'exploitation des prairies arrosées par la Moselle. Le ruisseau de Vandières fait tourner un moulin, situé à peu de distance de son confluent.	
	600m	Sentier conduisant de Pagny au moulin sur le Trey. Ce chemin coupe en travers les prairies ; il traverse le chemin de fer à niveau.		10m		
MOULON	400m	FERME, sur la route à gauche. Le ruisseau *Le Moulon* traverse la route et le chemin de fer et se perd dans la Moselle. Les ponts qui le traversent sont en pierres de taille.				
PAGNY	600m	*NOTA.* — On met une heure et demie pour aller de Pont-à-Mousson à Pagny (à cheval) et deux heures et demie (à pied).				

NOTA. — Le croquis d'autre part et le tableau ci-dessus n'étant donnés que comme spécimen de ce genre de travail, on ne doit pas avoir égard aux distances qui y sont indiquées.

76. *Reconnaissance d'une partie de la Route de*
Pont-à-Mousson à Métz.

Heures de Marche	Distances en Kilom.rs	Croquis ou Levé topographique.	Vues ou Profils d'objets Remarquables	Énoncé des Renseignements nécessaires au Mémoire descriptif

Échelle de 20.000.e   Autographié par A. Parasols.   Équidistance de 8 mètres.

A. Parasols (traité de Topographie Pratique à vue.)

4 cents mètres. Enfin, dans la huitième colonne, on fait connaître les chemins parallèles à la route, leur distance, leur entretien ; s'ils sont plus courts que la route pour aller aux mêmes points, etc. Si ce tableau doit comprendre plusieurs feuilles, on ne trace l'entête du tableau que sur la première feuille en coupant la partie supérieure des intercalaires pour n'être pas obligé de répéter les entêtes des colonnes.

Levé spécial des cours d'eau.

78. — Les fleuves, rivières et ruisseaux, ont une assez grande importance à la guerre pour qu'ils aient souvent à être étudiés spécialement, et levés soit sur toute leur longueur, soit pour l'une de leurs parties.

Nous avons donné, nᵒˢ 63 et 64, la manière d'opérer ce levé d'une manière exacte, il peut encore l'être par les mêmes procédés que pour le levé des routes et chemins. Il en est de même des canaux qui doivent être étudiés de la même manière.

La reconnaissance spéciale des cours d'eau sert pour l'offensive et pour la défensive, à faire apprécier, soit les facilités, soit les difficultés qu'on éprouverait à les franchir, à les défendre, etc.

Pour les cours d'eau, comme pour les routes, si l'on ne sait pas dessiner, la description peut être écrite comme l'indique le tableau ci-après.

Le levé spécial topographique d'un cours d'eau se fait comme il a été indiqué pour les itinéraires, le tableau à dresser est le même.

TABLEAU descriptif du cours de   de (tel point)   à (tel autre point.)

INDICATION des VILLAGES, Hameaux, maisons isolées, fermes, usines, moulins, îles, ponts, bacs, etc. qui se trouvent sur le COURS D'EAU ou sur ses rives.	DISTANCES entre les POINTS remarquables en MÈTRES.	RENSEIGNEMENTS SUR LE COURS D'EAU.	LARGEUR du COURS D'EAU dans ses différentes parties en MÈTRES.	DÉTAILS DESCRIPTIFS	OBSERVATIONS GÉNÉRALES.
		Nota. — Indiquer sa direction constante ou alternative, les coudes qu'il forme, des détails sur les ponts, bacs, gués, qui servent à le traverser. — Pour les gués, leur largeur, leur direction, leur profondeur et leur fond, les affluents que reçoit le cours d'eau et les îles qui pourraient s'y trouver.		Sur le terrain que parcourt le cours d'eau sur les positions militaires qui pourraient se trouver sur l'une ou l'autre rive, et d'où l'on pourrait empêcher ou protéger le passage. — Sur les lieux propres à l'établissement des ponts. — Sur les moyens de rompre ceux existants et de les rétablir promptement. — Sur les routes, chemins et sentiers importants qui aboutissent aux cours d'eau ou lui sont parallèles. — Sur la profondeur des eaux dans les différentes saisons de l'année. — Sur la nature de leur fond, la nature et l'escarpement des rives, etc.	

Mise au net des Levés.

80. — Lorsque toutes les opérations de planimétrie et de nivellement que nous venons de décrire dans ce chapitre et dans les précédents ont été exécutées, et que l'on a obtenu ainsi tous les renseignements nécessaires, il faut mettre au net la carte topographique obtenue, et la dessiner sur une autre feuille.

Le dessin des cartes étant des plus utiles, nous allons donner les procédés les plus simples à employer pour copier une carte topographique.

81. — Nous avons vu, en géométrie, que les périmètres ou les contours de deux figures semblables, sont entre eux comme leurs côtés homologues; c'est-à-dire, que si le côté de l'une est double, triple, quadruple, etc., d'un côté homologue de l'autre, le périmètre de la première sera aussi double, triple, quadruple, etc., du périmètre de la seconde. Mais il n'en est pas de même des surfaces ; elles sont entre elles *comme les carrés des côtés homologues*, c'est-à-dire que si un côté de l'une est double, triple, quadruple, etc., du côté homologue de l'autre, la surface de la première figure sera 4 fois, 9 fois, 16 fois, etc., plus grande que celle de la seconde. Cette démonstration sera rendue plus sensible par les figures suivantes :

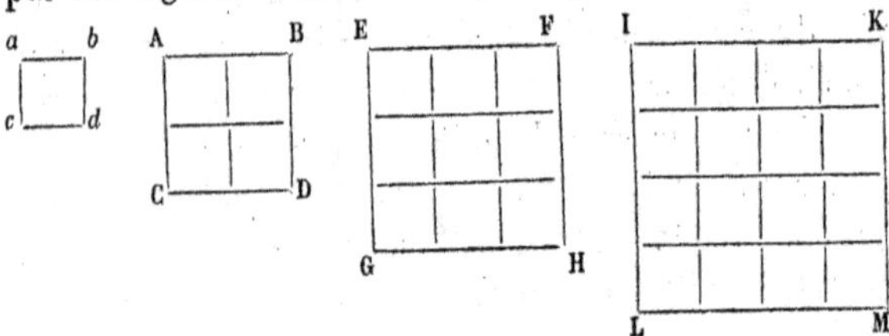

En effet, si nous construisons un carré ABCD ayant ses côtés doubles du carré *abcd*, la surface de ce carré sera 4 fois plus grande que l'autre, c'est-à-dire que le carré ABCD contiendra 4 carrés *abcd*.

Le carré EFGH, dont les côtés sont triples du carré *abcd*, contient 9 carrés égaux au carré *abcd*, et le carré IKLM, dont les côtés sont quadruples, renferme 16 petits carrés.

82. — Il résulte de ce que nous venons de démontrer, que si l'on réduit, à l'aide de carreaux, un dessin à l'échelle de 1/2, 1/3, 1/4, la réduction sera 4 fois, 9 fois, 16 fois, plus petite que le dessin. Cette méthode étant supérieure à toutes les autres par sa simplicité et son exactitude, et étant surtout très-propre pour faire la copie d'un dessin topographique quelconque, nous allons expliquer comment on devra procéder pour copier ce dessin.

83. — Supposons que le dessin que nous avons à copier doive l'être à une échelle double du modèle, nous entourerons le modèle d'un carré que nous diviserons en un certain nombre de parties égales qui nous donneront, en les réunissant par des lignes, un nombre de carrés égal au produit de la multiplication d'un côté du carré par lui-même, et si cela est possible, nous numéroterons ces carrés en commençant par le carré supérieur gauche; cela fait, nous construirons sur le papier un carré dont les côtés soient doubles de celui qui entoure le modèle, puis nous diviserons ce carré en autant de parties que celui du modèle, et nous numéroterons les carrés obtenus dans le même ordre. Il ne nous restera plus qu'à placer, dans les carrés correspondants, les parties du dessin renfermées dans les carrés du modèle, et nous aurons un dessin double du modèle, pour le périmètre et les distances entre les différents points, et 4 fois plus grand quant à la surface.

84. — Lorsqu'on a fini de dessiner la carte au crayon, soit que l'on copie une carte, soit que l'on mette au net un levé pris sur le terrain, il faut la passer à l'encre. L'encre dont on doit se servir pour les dessins topographiques est l'encre de Chine légère. On doit avoir soin que tous les traits droits soient faits à la règle et avec le tire-ligne. Tous les traits courbes ou sinueux à la plume, en observant qu'ils soient réguliers dans toute leur longueur, et que pour les ruisseaux ils doivent être plus prononcés à mesure qu'ils s'éloignent de leur source et qu'ils se rapprochent de leur confluent.

85. — Quand on a fini de passer à l'encre les différents détails, on s'occupe de la représentation du terrain.

Les courbes que l'on a obtenues dans l'opération relative au nivellement, ou que l'on a tracées pour indiquer la configuration du sol et l'altitude des hauteurs, et qui ont été dessinées au crayon, ne se passent pas à l'encre, comme on pourrait le croire en consultant le tableau des signes conventionnels et du figuré du terrain ; on les remplace par des hachures, comme l'indique la partie terminée de ce tableau, hachures dont les traits plus ou moins rapprochés indiquent des pentes plus ou moins rapides.

De cette manière, à la seule inspection d'une carte topographique, on reconnaîtra les divers mouvements du terrain, le sens des pentes, leur inclinaison plus ou moins grande, et l'on distinguera parfaitement les excavations qui, comme nous l'avons fait observer lors de la construction des sections principales, ne peuvent se remarquer des ondulations du terrain qu'en plaçant de l'eau au fond, ou en indiquant leur profondeur.

86. — Les hachures doivent être dessinées de manière qu'elles soient toujours perpendiculaires à la courbe d'où elles descendent, et ordinairement espacées du quart de leur longueur, Cependant, cette dernière condition n'est rigoureuse que pour les dessins réguliers et finis, mais pour ceux qui ont pour objet un levé à vue sans instruments, les hachures sont tracées par à peu près, en observant toutefois leur perpendicularité sur les courbes, et en les construisant plus ou moins rapprochées, plus ou moins fortes, selon la rapidité de la pente qu'elles expriment. (Voir à ce sujet le tableau du figuré du terrain à la fin du volume.)

87. — Les escarpements sont remplis presque au noir; les projections superposées de sections principales, désignant des *Pics*, sont tout à fait noires; quant aux rochers, on force en noir les arêtes les plus prononcées.

88. — Nous ne parlerons pas des teintes conventionnelles, car, d'une part, les sous-officiers ne sont jamais appelés, ni même les officiers, à faire des levés teintés ; et, d'autre part, nous n'écrivons que pour les topographes sans instruments et sans attirails. Ceux qui voudraient, ou seraient appelés à exécuter des dessins aux teintes conventionnelles, trouveront dans le premier traité venu de topographie, tous les procédés en usage pour ces sortes de travaux.

89. — Pour les travaux topographiques en croquis à la mine de plomb, c'est-à-dire au crayon, il faut avoir le soin de se servir d'un crayon toujours bien aigu, de manière que le trait soit net et bien arrêté, et lorsque le travail est terminé, pour fixer le dessin sur le papier, on le mouille avec un pinceau assez fort, fortement trempé dans l'eau. Une fois sec, le dessin est suffisamment fixé pour qu'un frottement ordinaire ne puisse l'effacer.

90. — Les divers genres d'écriture employés en topographie, sont la capitale droite pour les villes importantes, la capitale penchée pour les villes moindres, la romaine droite pour les villages, la romaine penchée et l'italique qui est toujours penchée. Ce dernier genre d'écriture s'emploie pour la désignation écrite de tous les menus détails et des voies de communication.

Les productions du terrain sur les croquis, soit à l'encre de Chine, soit au crayon, s'indiquent par la lettre initiale de leur nom, telles que terres labourées

T. L., prairies, P., vergers, V., vignes, Vig., bruyères, Bru. Les bois sont ordinairement dessinés, même sur les croquis, comme l'indique le tableau des signes conventionnels.

Tous les noms portés sur une carte topographique doivent être écrits horizontalement ou suivant l'inclinaison sur le papier des routes, chemins ou cours d'eau, mais toujours de manière qu'on ne soit pas obligé de tourner la carte pour lire facilement.

91. — Les indications que doit porter le dessin en dehors du cadre sont :

1° En tête du dessin, l'objet du levé, *Levé à vue du village de......... et de ses environs ;*

2° En marge, à gauche, ° D°ⁿ M^re. — ° Rég^t de.....; le nom et le grade, et enfin, au-dessous, le nom de la carte d'où a été tiré le canevas.

Sur la marge de droite, les profils s'il y en a, et sur la marge du bas, à gauche, l'échelle du dessin, et à droite l'indication de l'équidistance des courbes.

Des Echelles.

92. — Pour faciliter l'appréciation des distances à celui qui consulte un levé à vue, on indique toujours au bas du levé l'échelle à laquelle il a été exécuté, comme il suit :

$$Echelle \quad \text{au} \quad \frac{1}{20,000}$$

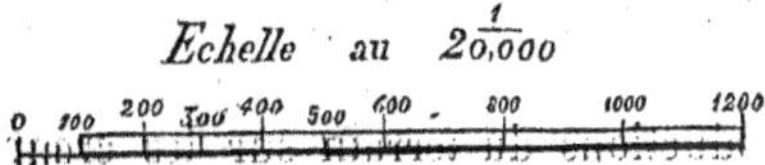

Il suffit alors de porter les deux pointes d'un compas

sur deux points dont on veut connaître la distance, et de les reporter ensuite sur l'échelle. Si les pointes du compas embrassent par exemple deux grandes divisions de l'échelle ci-contre au 20,000ᵉ, la distance cherchée sera de 200ᵐ.

93. — Il existe encore des échelles plus complètes que celles indiquées ci-dessus, et avec lesquelles on peut mesurer toutes les distances quelconques, y compris les fractions ; ces échelles prennent le nom d'échelles de proportion. Nous ne les décrirons pas, car elles ne sont réellement utiles que pour les levés réguliers, tandis que dans les levés irréguliers les distances étant appréciées approximativement, il est inutile, pour les mesurer sur le dessin, d'avoir une échelle donnant une justesse exacte et minutieuse.

94. — Les échelles dont on peut avoir besoin pour les levés topographiques sont les suivantes :

Au $\frac{1}{100}$ ou 1 centimètre

Au $\frac{1}{200}$ ou 5 mill.

Au $\frac{1}{500}$ ou 2 mill.

Au $\frac{1}{1,000}$ ou 1 mill.

} pour 1 mètre.

Au $\frac{1}{5,000}$ ou 2 centim.

Au $\frac{1}{10,000}$ ou 1 centim.

Au $\frac{1}{20,000}$ ou 5 mill.

Au $\frac{1}{40,000}$ ou 2 mill. 1[2.

Au $\frac{1}{80,000}$ ou 1 mill. 1[4.

} pour 100 mètres.

95. — Toutes les réductions se font au fur et à mesure qu'on opère sur le terrain, au moyen d'une petite règle plate nommée double décimètre.

CHAPITRE VII

---

96. — Tout levé topographique, toute reconnaissance, doit être accompagnée d'un mémoire descriptif ou rapport, rédigé d'après les notes prises sur le terrain, et dont le but est de faire connaître l'aspect général du pays où se trouve le terrain levé, le terrain lui-même, les particularités qui s'y rapportent, l'état dans lequel se trouvent les voies de communication qui le sillonnent, la force et l'importance des cours d'eau qui l'arrosent ; les ressources qu'offrent les lieux

habités ; la description et l'importance de ces points ;
les considérations militaires qui s'y rattachent , etc.

97. — Ce rapport, dit le règlement sur le service
en campagne, doit être clair, simple et positif. « L'of-
» ficier qui le fait doit y distinguer expressément ce
» qu'il a vu par lui-même de ce qu'il n'a pu apprendre
» que par ouï dire. »

Ce rapport se divise en cinq parties qui ont pour
objet :

1° La description physique du terrain ;

2° La statistique des lieux habités ;

3° L'étude particulière des voies de communication,
routes, chemins, sentiers, canaux et rivières, etc. ;

4° Les considérations militaires qui peuvent résulter
de la configuration du pays ou des terrains reconnus
sur ses propriétés offensives et défensives;

5° Enfin, la solution de la question militaire posée
sous le titre : *Dispositious militaires.* Ordinairement
cette cinquième partie n'existe que dans les travaux
d'étude, afin de former le jugement, le coup-d'œil militaire, et l'entente de la tactique.

Cependant si le but de la reconnaissance qui fait
l'objet du rapport avait été positivement spécifié, le
rapport devrait se borner à répondre à la question
posée.

98. — L'ordre en vertu duquel la reconnaissance
ou le travail doit être exécuté sera toujours transcrit
en entier en tête du rapport et, immédiatement après la
copie de l'ordre, et sans préambule d'aucune sorte, on

commencera le mémoire en portant en titre l'indication de chacune de ses parties comme suit :

Description physique du terrain.

99. — La description physique du terrain doit commencer par faire connaître le bassin général ou principal auquel appartient le terrain levé.

Les divisions de cette partie du mémoire sont généralement déterminées par les thalwegs et les lignes de partage des eaux.

Ensuite on donnera un aperçu de la configuration générale du terrain, abstraction faite de tout ce qui tient à des divisions politiques ou administratives. On fera connaître s'il est découvert, d'un accès facile, coupé de haies, de fossés, de ravins, de murs de clôture, couvert de bruyères, en friche, cultivé, sec ou marécageux. On donnera aussi l'indication exacte ou approximative du minimum et du maximum de l'inclinaison des pentes principales ; de la hauteur et de la direction des montagnes, de leurs rameaux ou contre-forts ; l'aspect et la forme des vallées et vallons ; l'espèce et l'étendue des étangs, marais et flaques d'eau, ainsi que la nature des terrains environnants.

La direction, la longueur, la largeur des canaux ; la nature de leur construction, les rivières qui fournissent l'eau, le nombre des écluses, l'intervalle moyen entre elles, la rive sur laquelle est le chemin de halage ; enfin, les lieux qui sont réunis par ces canaux et ceux par lesquels ils passent.

Pour les rivières et ruisseaux, on fera connaître, en outre, la largeur du cours d'eau, sa profondeur, la nature de son lit, la rapidité de son cours, les points de passage tels que ponts, gués, bacs ; les chemins qui y aboutissent, la cause des crues quand il y en a, les moulins construits au milieu de la rivière, les barrages ; le temps nécessaire pour passer d'une rive sur l'autre, et le commandement respectif des deux rives.

On fera connaître aussi la position et l'étendue des bois et forêts, leur nature, s'ils sont en haute futaie ou en taillis, la direction et la nature des chemins et sentiers qui les traversent, leurs causes, s'ils sont de communication ou d'exploitation, les lieux qu'ils réunissent.

On terminera par une description des villages, bourgs, hameaux, faisant connaître leur nature, leur situation, leur importance, la position des bâtiments principaux, tels que l'église, la maison commune, l'étendue et l'emplacement du cimetière, la nature des environs et celle de l'enceinte du village.

Statistique.

100. — Dans ce chapitre, on indiquera d'abord les divisions politiques et administratives du pays parcouru, les principaux ouvrages de main d'homme qui s'y trouvent. Ces renseignements seront suivis de notes sur la stature, la complexion, le caractère, la manière de vivre, les mœurs des habitants, leur instruction élémentaire, etc.

On fera ensuite connaître les relations cantonales et communales, la population totale et le nombre de feux de chaque commune ou hameau, fermes, maisons isolées, etc., les travaux des habitants aux diverses époques de l'année, le nombre des cultivateurs, commerçants, artisans, etc. ; les produits de l'agriculture, en indiquant pour les grains la quantité de semence par hectare et le rapport de cette quantité à celle que l'on recueille ; l'espèce et le nombre de bestiaux, de voitures et de bêtes de somme ; le nombre des fours, des moulins, la quantité de pains, de grains qu'on peut y cuire, y moudre dans 24 heures. L'espace de temps pendant lequel les produits du territoire suffisent à la population ; les usines, fabriques, manufactures, le nombre de leurs ouvriers, les procédés qu'on y emploie, la nature, la qualité, la quantité, la valeur de leurs produits.

Ces données sont indispensables pour l'évaluation des ressources que peut offrir chaque commune pour le logement et la subsistance, s'il y avait lieu, des hommes et des chevaux, pour les transports, le chauffage, le ferrage, et subsidiairement selon les circonstances, pour la réparation des vêtements, de la chaussure, du harnachement, des armes, des voitures, etc.

A la fin de ce chapitre, on indiquera quels obstacles, quelles facilités on trouverait dans l'administration locale, dans les habitudes, pour appliquer avec promptitude et régularité toutes ces ressources aux besoins des troupes soit en marche soit en cantonnement.

Enfin on terminera par un coup-d'œil sur les milices

(s'il en existe), sur la situation numérique, sur l'état de son organisation, de son armement, de son institution et sur l'appui ou l'opposition qu'elle prêterait ou mettrait à nos troupes en cas de besoin.

Tous ces résultats seront consignés numériquement dans un tableau conforme au modèle ci-après.

TABLEAU STATISTIQUE.

DÉSIGNATIONS.	NOMBRE dans la COMMUNE.	NOMS des villages, hameaux et maisons isolées, faisant partie de la commune.	NOMBRE de feux ou familles de chaque village hameau ou maisons isolées.	OBSERVAT^ions
POPULATION.				
Population totale.				
Population mâle				
— féminine				
Hommes de 20 à 27 ans. .				
Garde nationale mobile. . .				
— sédentaire				
ARTS ET MÉTIERS.				
Chirurgiens ou médecins . .				
Aubergistes.				
Boulangers				
Épiciers.				
Bouchers				
Cordonniers.				
Tailleurs				
Maréchaux-ferrants.				
Ouvriers en fer.				
Ouvriers en bois				
Maçons				
Bateliers.				
Prix de la journée d'un ouvrier d'art				
— d'un manœuvre.				
— d'une voiture à 2 colliers				
RESSOURCES POUR LE LOGEMENT.				
Nombre de maisons				
— de châteaux				
— d'auberges.				
— de fermes.				
Nombre d'hommes qu'on peut loger				
Idem de chevaux				
FOURS.				
Nombre de fours.				
Nombre de kil. de pain que l'on peut obtenir en 24 heures				
MOULINS.				
Moulins à farine				
Quint. métr. en 24 heures.				
Moulins à huile.				
— à scie				

DÉSIGNATIONS.	NOMBRE dans la COMMUNE.	NOMS des villages, hameaux et maisons isolées, faisant partie de la comm^ne	NOMBRE de feux ou familles de chaque village hameau ou maisons isolées.	OBSERVAT^ions
MANUFACTURES ET USINES.				
Hauts-fourneaux..				
Grandes forges . .				
Laine				
Coton.				
Chanvre.				
Tanneries.				
Papeteries.				
Manufactures div·				
(Nombre et product^ion annuelle par 100 k.)				
BESTIAUX.				
Chevaux et juments				
Mulets et ânes				
Bœufs et vaches				
Moutons et chèvres.				
MOYENS DE TRANSPORT.				
Voitures à 2 roues.				
— à 4 roues				
Barques et bateaux.				
ÉTENDUE ET DIV^on DU TERRITOIRE.				
Terres à {Blé. — hectares . .				
Seigle ou orge, *id.* .				
Avoine *id.* .				
En prairies				
En vignes.				
En bois.				
En friches.				
Total du territoire				
PRODUCTIONS ANNUELLES.				
Blé				
Seigle.				
Avoine				
Orge.				
Sarrazin et maïs				
Pommes de terre.				
Légumes en grains.				
Vin				
Bière et cidre.				
Eau-de-vie.				
Huile				
Fourrages {Foin — (100 kil.)				
plantes fourragères				
paille *id.*				
CONTRIBUTIONS DIRECTES.				
Foncière, personnelle, mobilè^re				
Portes et fenêtres.				
patentes de l'année courante.				

Communications.

102. — Les routes, les chemins vicinaux, les sentiers, les rivières, les canaux, les chemins de fer, servent aux communications et aux transports.

Depuis Louis XIV, les voies de communication qui jusqu'alors avaient été fort mal entretenues, se sont bien améliorées. Déjà, sous l'Empire, les progrès étaient sensibles. Aujourd'hui nous possédons un remarquable réseau de routes dont la largeur moyenne est de 10^m, et la pente maxima 1/18.

103. — On décrit l'espèce et la nature des routes et des chemins, leur direction générale, leurs abords, leur largeur, leur état d'entretien ; les villes, villages, forêts et cours d'eau qu'ils traversent ; les hauteurs qui les dominent. Enfin leurs aboutissants et les voies parallèles.

104. — La reconnaissance des sentiers, surtout dans les montagnes, est indispensable. On indiquera particulièrement les pas difficiles et les moyens de les réparer ou de les franchir ; et l'on se rappellera que ceux que l'on dit praticables aux hommes à pied seulement, peuvent presque toujours servir au passage des armées.

Frédéric II a dit à ce sujet que « partout où passe » une chèvre une armée peut passer, » et les glorieuses

expéditions de la Kabylie, en 1853 et 1857, ont prouvé
l'exactitude de cette assertion. Nos escadrons, nos bat-
teries, ont partout suivi l'infanterie gravissant les hauteurs les plus escarpées du Djurjura.

105. — Il ne faut pas négliger de reconnaître et de
signaler encore les *Débouchés tactiques*, c'est-à-dire
les directions à travers champs, directions signalées par
un arbre, une hauteur, un clocher, etc., et conduisant
vers la position ennemie, leur nature, leur largeur, leurs
points de repère, les mauvais pas, ainsi que les réparations à y faire doivent être soigneusement décrits.

La description d'une voie ferrée comprendra le tracé
général de la voie, sa nature et sa largeur, ses ouvrages
d'art (viaducs, tunnels, ponts, etc.), le nombre des locomotives disponibles, leur force, le chiffre des différentes voitures et wagons, les divers lieux et moyens
d'embarquement, les stations, les approvisionnements
de combustibles et d'eau, le personnel, etc.

Lorsque nous étudierons la manière de reconnaître
les voies de communication par terre et par eau, nous
dirons ce qu'il est important de décrire dans le mémoire relativement aux cours d'eau considérés comme
voies de communication.

Considérations militaires.

106. — Ce chapitre renfermera la description de
toutes les positions militaires que présente la route ou
le terrain reconnu, l'indication du nombre, de l'espèce

et de la disposition des troupes qu'on peut y placer pour résister avec avantage à un ennemi supérieur en force ; les moyens d'en augmenter la valeur par des ouvrages de fortification passagère, des barricades, des fossés, des abattis ou des inondations ; l'évaluation du temps que les troupes et les parcs emploieraient pour occuper et déblayer chaque position, pour passer les défilés qui se trouveraient dans la direction de l'une ou de l'autre de ces opérations ; les lieux propres à mettre en sûreté un convoi, une escorte, ou une troupe de cavalerie ; le parti qu'on pourrait tirer des villes, villages, châteaux, églises, cimetières, maisons isolées, etc., pour y placer des postes de sûreté ou de protection, pour former des dépôts ou établissements militaires, et répartir les troupes en cantonnements.

On indiquera pour chaque position les lieux d'où il faudrait tirer les vivres, les fourrages, l'eau et le bois.

107. — Sur les côtes, on indiquerait encore les points où l'on pourrait effectuer des débarquements ; les dispositions qui, d'après la nature des lieux et les hypothèses les plus probables, paraîtraient devoir être prises soit pour empêcher le débarquement, soit pour s'opposer aux progrès ultérieurs de l'ennemi.

108. — On terminera ce chapitre par une relation très-succincte des événements militaires anciens ou modernes dont le terrain reconnu ou ses environs auraient été le théâtre, et, à défaut d'événements militaires, on rappellerait ce que l'histoire du pays pourrait offrir d'intéressant.

Dispositions militaires.

109. — La question posée devra être résolue au double point de vue de l'offensive et de la défensive. On fera connaître tous les moyens que l'on emploierait, soit pour résister à l'ennemi, soit pour l'attaquer.

On ne doit jamais parler des dispositions à prendre qu'au conditionnel, et en parlant des différents points du terrain, donner la réponse que l'on pourrait faire à cette question : Que ferai-je dans telle ou telle circonstance?..... ou bien que ferai-je si j'étais à la place de l'ennemi avec les dispositions prises?...

110. — On devra bien se garder, en traitant la question militaire d'entrer dans des descriptions de marches et de combats qui n'ont pas existé et qui ne peuvent rien prouver, puisqu'il est loisible à celui qui écrit de les arranger à sa guise.

Enfin, il est bien entendu que les détails qui précèdent étant donnés à titre d'aide-mémoire et pour toutes les circonstances qui peuvent se présenter, chacun prendra dans ces détails ce qui lui sera utile de faire connaître, suivant le genre de travail qu'il aura à exécuter, et suivant le but de la reconnaissance qu'il aura à faire.

CHAPITRE VIII.

SOMMAIRE. — De la manière d'étudier le terrain. — Étude spéciale des voies ferrées.

Des Communications.

111. — Pour bien connaître une communication, considérer d'où elle part et où elle se rend ; la nature de son fond, pavé, ferré, ou en terre: sa largeur variable ou constante:

L'essieu des voitures de l'artillerie ayant $2^m\ 20^c$, un chemin encaissé ne doit pas avoir une largeur moindre pour admettre une file de voitures. Il faut en général compter 3 à 4^m pour qu'une file marche facilement et 8 à 9^m pour deux files.

La largeur des communications diminue souvent au passage des ponts et des villages ; les voitures qui marchaient sur deux files doivent alors dédoubler, ce qui occasionne des temps d'arrêt dans la marche. Il faut donc noter cette circonstance, sinon le général qui aurait calculé l'heure de l'arrivée d'une colonne ou d'un convoi serait trompé et son entreprise pourrait échouer.

Cette route est-elle bordée de haies vives ou de fossés? Déterminer et donner les dimensions approximatives. Il est des haies si épineuses et si fournies, qu'elles font de la route un véritable défilé; les fossés, s'ils sont larges et profonds, peuvent aussi empêcher le déploiement d'une colonne, et si l'on ne peut marcher sur les côtés d'une route pour une cause quelconque, les arbres qui la bordent, coupés et jetés en travers, arrêteront l'ennemi.

Est-elle bordée de montagnes, la mer, un cours d'eau, des ravins?... Noter toutes ces particularités.

Souvent une communication, bordée par une chaîne de montagnes, a sur cette chaîne un sentier qui suit la même direction, il faut s'en assurer; on pourra y établir des flanqueurs.

Quels sont les villes, les villages, les bois que traverse la route?..... Les chemins qui y débouchent sont-ils propres à une embuscade?... Peut-on tourner ces sortes de défilés?...

Les tournants ne sont-ils pas trop courts dans les montagnes pour y engager des voitures attelées de plusieurs chevaux?... Y a-t-il d'autres communications qui conduisent dans la même direction?...au même lieu?... ou qui s'en écartent peu?... Est-il facile d'en ouvrir de nouvelles?.... Remarquer à cet égard que toute route neuve en suppose ordinairement une vieille, qui ne se confond pas toujours avec elle, et qui est ou peut être encore praticable.

Evaluer toujours en heures de marche la longueur des routes ; car il ne suffit pas de connaître la distance d'un point à un autre pour savoir en combien d'heures une troupe peut s'y rendre , puisqu'elle ne peut aller avec la même vitesse dans les pays montueux que dans ceux de plaine.

Ne pas négliger les sentiers, surtout dans les pays de montagnes, et ne pas s'en rapporter aux gens du pays, qui les annoncent parfois comme impraticables à la cavalerie.

Se rappeler, à ce sujet, ce que nous avons déjà dit, n° 104.

Étude spéciale des Voies ferrées.

112. — L'étude des voies ferrées a une très-grande importance , tant au point de vue de l'art, qu'au point de vue militaire , et les reconnaissances à entreprendre pendant la paix doivent être faites à deux points de vue différents qui doivent porter :

1° Sur les facilités que présentent les chemins de fer pour le transport des troupes ; 2° sur les circonstances relatives à la destruction et à la réparation des voies ferrées.

§ I. — Facilités que présentent les Chemins de fer pour le transport des Troupes.

113. — Quoique l'étude des chemins de fer en France, au point de vue du transport des troupes , ne présente pas pour nous un grand avantage , puisque

l'autorité supérieure a dans sa main tous les renseignements nécessaires à ce sujet, il n'en est pas moins important de s'habituer, par la pratique, à obtenir et à recueil-
lir ces renseignements que nous pourrions être appelés
à réunir à l'étranger en cas de guerre ; c'est pourquoi,
bien que les administrations de chemins de fer ne mettent
pas une très-grande complaisance à donner les détails
nécessaires à ceux qui désirent s'instruire, nous allons,
autant que possible , indiquer les points sur lesquels
doivent principalement porter les investigations.

114. — Ainsi, le premier point à connaître , c'est
l'importance du matériel roulant : Combien de wagons
de voyageurs ? Combien de wagons de bagages ? Combien pour chevaux, voitures, etc.? Combien de locomotives ? leur force, etc.?,... Le type du matériel est-il le
même sur toutes les lignes du pays où l'on se trouve ?
L'entre-voie est-il le même sur toutes ces lignes ? Ques-
tions importantes qu'il serait dangereux de négliger.
Nous ferons remarquer, à ce sujet, qu'en Europe, toutes
les lignes ferrées sont construites sur le même type.

Quelle est la force des trains qui peuvent circuler sur
telle ou telle section de la ligne dont on fait la reconnaissance.

115. — D'après les données résultant de l'expérience de la guerre de 1866, à laquelle il faudra toujours
se reporter, jusqu'à ce que des exemples plus récents
viennent en donner de nouvelles. La proportion entre
le matériel roulant et le nombre d'hommes et de chevaux, etc, à transporter est la suivante .

Pour un bataillon d'infanterie de 900 hommes, 40 chevaux et 5 voitures, — 86 à 88 paires de roues. Pour un bataillon de Chasseurs, — 92 paires de roues. Pour un escadron de 150 chevaux et 2 voitures, — 58 paires de roues. Une batterie à pied, — 80 paires de roues. Une batterie à cheval, — 75 paires de roues.

De ces données, on en déduira le nombre de locomotives qui peuvent entrer dans la composition d'un train, eu égard aux difficultés particulières de la ligne sur laquelle on se trouvera ; soit les rampes ou les courbes résultant de sa construction.

116. — Une machine à roues non couplées peut traîner au plus 25 voitures, ou 50 paires de roues, supportant chacune 50 quintaux, tandis qu'une machine à roues couplées traînera 150 paires de roues ou 75 voitures.

117. — En moyenne, un bataillon d'infanterie pèse 2,500 quintaux. — Un escadron de cavalerie à peu près le même poids. Une batterie d'artillerie 4,000 quintaux. On en peut conclure, que même avec l'emploi d'une machine à grande puissance ou de première force, il ne sera guère possible de mettre plus de 100 paires de roues ou 50 voitures à un même train, et encore, sur les rampes un peu fortes, on devra recourir à l'emploi d'une locomotive de renfort,

118. — Toujours au point de vue du transport des troupes, il sera nécessaire de s'assurer s'il existe aux abords de la gare, un terrain pour recevoir l'infanterie,

un autre terrain pour les voitures d'artillerie, et les bagages dans le voisinage des rampes disposées pour les
amener dans les wagons ; enfin un troisième emplacement pour la cavalerie et les chevaux.

Près de ces emplacements doivent se trouver des
hangars, des cuisines, des magasins, et tout ce qui est
nécessaire pour subvenir aux besoins des hommes et des
chevaux.

§ II. — Circonstances relatives à la destruction et à la réparation des voies ferrées.

119. — L'officier chargé de reconnaître et d'occuper une voie ferrée, se sert ordinairement, pour exécuter régulièrement cette reconnaissance, d'une locomotive prise parmi le matériel , marchant lentement , et
escortée, sur la voie, par un détachement d'infanterie ;
et de chaque côté de la voie, aussi loin qu'il sera possible pour bien voir, et cependant rester en relation,
par un détachement de cavalerie chargé d'explorer le
pays environnant.

Mais il peut arriver qu'un chef de détachement ait à
parcourir et à occuper une voie ferrée avant qu'il soit
possible de la faire reconnaître régulièrement par une
locomotive. Dans ce cas, il devra se hâter d'exécuter
la reconnaissance dans les limites de ce qui lui sera
possible, et en prenant toutes les précautions indiquées
pour les reconnaissances ordinaires.

Si l'officier a pu se procurer , dans une des gares à
proximité, un chariot de manœuvre, *Lorey* ou *Lorry*,

qu'un cheval ou quelques hommes peuvent faire avancer, l'emploi de ce chariot lui permettra de s'assurer et de constater si les rails sont à leur place, et si leur écartement n'a pas été changé en vue d'un déraillement. En un mot, si la voie peut recevoir la locomotive de reconnaissance *(Conférence régimentaire sur les chemins de fer)*.

« Quand on procède à la reconnaissonce d'un chemin » de fer, soit au point de vue militaire, soit au point de » vue de l'exploitation , on ne saurait montrer trop de » prudence. Par suite des progrès journaliers de la » science , l'ennemi peut faire des préparatifs de des- » truction si bien cachés et si peu prévus que la recon- » naissance elle-même pourra se terminer heureuse- » ment sans que pour cela l'exploitation ultérieure soit à » l'abri de tout danger. » Ainsi Guillaume Basson, dans son ouvrage intitulé : *Les Chemins de fer pendant la guerre*, propose d'employer des mines à friction pour détruire les voies ferrées.

« Ces mines font rarement explosion au passage des » trains légers, tels que les Lorrey. Il ne suffirait donc » pas dans ce cas de faire passer sur la voie un Lorrey » ou des wagons de conducteur. » *(De l'emploi des Chemins de fer en temps de guerre.)*

On constatera et on signalera la nature et l'étendue des obstacles qui pourraient encombrer, couper ou dénaturer la voie. Si les rails, leurs traverses et coussinets sont intacts, à leur place et en bon état ? Si les aiguilles n'ont pas été faussées ou enlevées.

120. — On nomme *Aiguilles* la réunion de deux rails dans un changement de voie , et elles servent à faire passer un train d'une voie sur une autre au moyen d'un mécanisme manœuvré par un employé nommé aiguilleur. Il faut donc s'assurer que le mécanisme des aiguilles fonctionne régulièrement.

Le mécanisme des aiguilles se compose d'une tige en fer reliant entre elles les deux extrémités flexibles des aiguilles, de manière que le mouvement de retrait imprimé à l'une d'elles se communique à la seconde.

A l'une des aiguilles est fixée une tige en fer recourbée qui est mue par un levier muni d'un contrepoids.

Ce levier, qui tourne autour d'une tige, porte sur la lentille en fonte qui lui sert de contrepoids, d'un côté la couleur rouge, de l'autre la couleur blanche.

La voie de changement étant fermée, la lentille montre la couleur rouge. Pour ouvrir la voie, il suffit de faire tourner la lentille autour de la tige ; elle montre alors la couleur blanche. La liberté d'une voie est toujours indiquée par la couleur blanche. La couleur rouge indique au contraire que la voie est couverte ou fermée.

121. — Quel est le système de construction de la ligne, la largeur et le nombre de voies ; le système de support et de liaison des rails. De quelle nature est le *ballast* ? On nomme ainsi la couche de matériaux qui recouvre la surface de la voie et sous laquelle se trouvent les traverses qui supportent les rails. Le ballast se compose ordinairement de cailloux brisés.

Parler des remblais (voies en chaussée), leur étendue, leur hauteur au-dessus du sol ; cotoyant une rivière, ou traversant un fond, un marais, etc. Quelles sont les facilités plus ou moins grandes pour y pratiquer des coupures difficiles à rétablir.

122. — Les tranchées en déblai , indiquer la hauteur et la nature de leurs talus, terres, roches ou maçonnerie; leur inclinaison. Les rives et les talus sont-ils couverts ou découverts, accessibles ou non. Indiquer exactement l'étendue de la tranchée , le nombre de ponts qui la traversent, leur nature, leur construction. Les tranchées sont-elles en ligne droite, ou suivent-elles une ligne courbe ? Se terminent-elles sur le sol naturel ou sur un remblai ? Aboutissent-elles à un tunnel ? Ce qui a lieu le plus souvent.

Quels sont les moyens les plus rapides à employer pour les encombrer? Les facilités que présentent les talus à ce point de vue. Quels sont les ouvrages d'art , ou les parties du sous-sol de la voie qui permettent le plus facilement de couper la ligne ? A-t-on fait sur ces points des préparatifs de destruction ? Quel serait le procédé préférable à employer pour les réparations?

123. — *Des Tunnels.* — Donner leur longueur. Sont-ils éclairés? naturellement par des ouvertures, ou par des appareils d'éclairage ? Y existe-il des points de refuge? Les voies s'y croisent-elles ? Cela a lieu quelquefois. Quels sont les procédés d'aération de ces tunnels ?

La reconnaissance des tunnels demande beaucoup de prudence ; avant de s'engager dans leur intérieur, il importe de se rendre, autant que possible, maître des deux extrémités.

124. — Existe-t-il des portions de la voie établies à ciel ouvert sur le flanc d'un escarpement? Longueur, hauteur maximum et inclinaison des talus au-dessus et au-dessous de la voie ; nature terreuse ou rocheuse et autres particularités du talus. Existe-t-il sur ces parties des galeries? Ce sont des charpentes établies au-dessus de la voie pour la garantir des éboulements de roches qui pourraient se détacher du haut des talus , ou des avalanches de neige,

Quels sont les matériaux employés dans la construction de ces galeries?

125. — Quels sont les ponts que l'on rencontre sur le parcours de la voie? leur longueur, leur construction, en fer, en pierre ou en bois, les ponceaux, les viaducs, leur longueur , leur hauteur ; sont-ils tracés en ligne droite ou courbe. Pour les grands ponts et les viaducs, indiquer le système de construction, la nature des matériaux, l'emplacement des chambres à mines existantes ou à établir; le nombre et la résistance des supports, la longueur des portées et l'état de la construction. Indiquer les lignes télégraphiques qui existent le long de la voie.

126. — Quels sont les signaux optiques que l'on rencontre ? Fonctionnent-ils régulièrement ?

Ces signaux se trouvent à 500 ou 600^m en avant de chaque station ; ils se composent d'un disque en métal monté sur une haute tige et mus par un levier du même genre que celui des aiguilles; un fil de fer réunit le mécanisme du disque à celui du levier. Les disques des signaux servent à indiquer au train arrivant à la station si la voie est ouverte ou fermée.

Le *disque ouvert* est rouge, il indique que la voie est fermée. — Le *disque fermé* ou *effacé* indique que la voie est ouverte.

La nuit, le disque porte dans son intérieur une lentille en verre rouge qui, lorsqu'il est ouvert, se trouve placée devant un feu blanc, et montre par conséquent un feu rouge; si la voie est ouverte, le disque reste fermé ou effacé et laisse apparaître le feu blanc.

L'assurance que le disque *est fait* ou à sa place, et donne par conséquent l'indication voulue, c'est-à-dire que la voie est couverte, est donnée par une sonnerie électrique, placée sur le quai de la gare et mue par le mouvement régulier du disque. Cette sonnerie ne cesse que lorsque la voie est ouverte et que le disque a repris sa position effacée.

127. — Indiquer aussi les passages à niveau, leur fermeture, les moyens et les facilités de les occuper et de les garder.

128. — L'officier chargé de la reconnaissance devra en outre se rendre compte des ressources qu'on peut trouver aux abords de la voie et dans les gares, au point de vue des réparations et de l'exploitation. Il aura soin de s'informer s'il est possible de faire dans la population voisine des réquisitions d'ouvriers d'art, de simples manœuvres, d'outils, de moyens de transport.

Les employés de chemins de fer, en pays ennemi, devront être provisoirement retenus prisonniers pour être mis à la disposition du service spécial au cas où il jugerait à propos de s'en servir.

On dressera encore, si cela se peut, un état du matériel roulant, des machines fixes, des outils, du combustible et des autres matériaux qui se trouvent dans chaque gare.

Quelle est l'étendue des gares ? quelles sont celles qui sont le mieux disposées pour recevoir et abriter de grands dépôts de matériel de transport ?

129. — Mais une question qu'il faudra toujours étudier avec soin , parce qu'elle est d'une importance capitale pcur l'exploitation, c'est le moyen de fournir de l'eau aux locomotives.

On s'attachera donc à reconnaître les réservoirs d'eau qui existent dans les gares et sur la ligne parcourue, On constatera l'état de conservation dans lequel ils se trouvent, ainsi que celui des machines qui les alimentent ; la capacité de ces réservoirs , leur répartition le long de la voie. On s'assurera du nombre de puits et de pompes existant aux abords de cette ligne ; en un mot, on constatera les quantités d'eau sur lesquelles on pourra compter pour l'exploitation.

Cette étude est d'un intérêt majeur, car elle aidera à déterminer le nombre de trains , la force de chaque train que l'on pourra faire circuler dans un temps donné, et la longueur de la ligne qu'il leur sera donné de parcourir *(Conférence sur les Chemins de fer)*.

130. — Les *Réservoirs* sont construits ordinairement en tôle, et placés sur des assises en maçonnerie,

renfermant les pompes qui les alimentent. La machine
à vapeur qui fait mouvoir ces pompes, se trouve placée
dans un bâtiment ordinairement adossé au réservoir,
Cependant quelques-unes se trouvent assez éloignées.

Chaque réservoir contient en moyenne une quantité
d'eau qui, dans les petites gares , peut être évaluée à
600 hectolitres environ. L'eau est ordinairement four-
nie par des puits plus ou moins éloignés.

131. — Pour connaître la quantité d'eau existant
dans le réservoir , il suffit de constater la position
d'une flèche glissant sur une tige le long de ses parois.
La tige porte à son extrémité supérieure un flotteur qui
descend ou monte avec l'eau , et fait par conséquent
monter ou descendre la flèche indicatrice. Donc, si la
flèche se trouve à la partie inférieure de la paroi, le
réservoir est plein. Il est vide, au contraire, si la flèche
est au haut.

Il faut 10 heures pour remplir un réservoir de 600 à
700 hectolitres.

La quantité d'eau nécessaire à chaque train varie
suivant la force des locomotives. Ainsi une locomotive
de première force , prénd en moyenne 60 hoctolitres;
de deuxième *id.* 40 *id.*
de troisième *id.* 20 *id.*

Les réservoirs sont espacés en moyenne le long de la
voie, de 20 à 25 kilomètres.

132. — L'officier chargé de la reconnaissance devra
aussi noter les changements de pente et leur inclinaison.

Ces changements de pente sont indiqués par des poteaux portant une planchette où se trouve l'indication de la direction de la pente, son inclinaison et l'indication des paliers.

133. — Pendant la reconnaissance, l'officier devra s'attacher à rester constamment en communication avec le commandant du corps d'armée ou de la division dont sa troupe est détachée, de manière à pouvoir transmettre rapidement les renseignements qu'il aura recueillis, et prendre les dispositions utiles au service spécial des chemins de fer, si l'ordre lui en est donné. Ainsi il pourra, s'il en a le temps, préparer les réquisitions d'ouvriers, faire déblayer les puits que l'ennemi aurait comblés en se retirant, rechercher les endroits où l'on aurait caché les pièces importantes enlevées aux machines, etc., etc.

Des Eaux.

134· — Les eaux jouent un grand rôle dans les opérations militaires et demandent beaucoup de soin pour être bien reconnues.

Examiner, en reconnaissant une rivière, la nature de son fond, sablonneux, pierreux ou vaseux ; la simple vue vous le fera connaître, sinon des bateliers ou des pêcheurs vous le diront. Ils vous apprendront encore quelle est sa profondeur aux points que vous indiquerez. C'est à vous à estimer sa largeur, si elle n'est pas connue, et si vous ne pouvez pas vous faire transporter sur l'autre rive, c'est le cas d'employer un des procédés indiqués aux numéros 22 23, 24 25 et 26.

Quand on connaît la largeur de la rivière, il faut noter la rapidité du courant, ce qui se fait en mesurant au pas une distance sur la rive, et en faisant flotter un corps léger tel qu'un morceau de liège ou de bois, et en regardant, avec la montre, le temps que met ce flotteur à parcourir la distance mesurée.

La rivière est-elle navigable ou flottable ? Depuis quel point et en quelle saison ? Est-elle encaissée ? Quelle est la rive dominante ? Les abords sont-ils commodes ainsi que les communications qui y conduisent ?

135. — Quel est le nombre et la dimension des bateaux que l'on peut réunir sur la partie reconnue.

C'est la cavalerie légère qui est chargée de rassembler les bateaux, parce que cette opération exige une grande célérité.

136. — La rivière forme-t-elle des îles ? Leur grandeur, leur culture, la facilité d'y aborder, cela est important à noter, car cela pourra faciliter l'établissement des ponts de bateaux.

La rivière est-elle sinueuse ? Coule-t-elle dans une vallée large, resserrée ? Distance des hauteurs voisines, facilités de garder la rive dont on est maître, quels seraient les ponts à établir ?

137. — On trouve sur une rivière des ponts stables en pierre, en bois, suspendus, en fer, des ponts volants, des bacs, des gués.

Les ponts sont-ils en pierre ou en bois ? Leur longueur, leur largeur, leur solidité ? Peut-on facilement faire sauter les premiers ou au moins détruire leurs parapets ?

Le tablier des ponts en bois peut-il être enlevé facilement ? ou par quels moyens prompts peut-on en détruire au moins une partie ?

138. — Les débouchés du pont sont-ils commodes? Peut-on en fortifier la tête ? Si le pont n'est pas isolé, il faut noter exactement les rues de la ville ou du village qui y conduisent; la largeur du défilé peut alors être importante à connaître. Il faut la décrire et savoir si, au-dessus et au-dessous du pont il n'y a pas un gué, ou au moins facilité d'y établir un autre moyen de passage.

139. — Comme il peut être utile de savoir comment on fait sauter un pont, nous allons en dire quelques mots.

La destruction des ponts solides s'opère en creusant un fourneau de mine dans une ou plusieurs piles ; on y met le feu , et les arches sont renversées. Tous les ponts en pierres nouvellement construits, soit pour les voies ordinaires, soit pour les voies ferrées, sont pourvus de fourneaux de mine tout préparés.

On peut encore faire sauter un pont en pierre en creusant le tablier en forme de croix, jusqu'à l'extrados de la voûte d'une ou de plusieurs arches ; on remplit ces tranchées avec de la poudre et la réaction des fluides élastiques contre les parois suffit pour opérer l'écroulement. On recouvre la tranchée avec des madriers quand une arrière-garde doit y passer.

140. — Un baril de poudre ou une auge, soutenue avec des poutrelles verticales sous la voûte d'un petit pont, le fait sauter.

141. — On brûle les ponts en bois, en entourant leurs pilots de fascines goudronnées retenues par des fils de fer, ou en amoncelant ces fascines sur le tablier.

On détruit encore ces ponts, en suspendant un baril de poudre avec des cordages sous une travée, et les pièces de bois qui la composent sauteront.

142. — Tous ces moyens plus ou moins bons interdisent le passage d'une rivière au moins pendant un certain nombre d'heures, et c'est quelquefois le salut d'une armée.

143. — On nomme pont volant un ou plusieurs bateaux réunis sur lesquels on a établi un plancher entouré d'un garde-fou, et qui navigue au moyen d'un cordage qui passe d'une rive à l'autre.

Quand un bac navigue comme un pont volant, on dit qu'il est à *traille*.

Combien d'hommes, de chevaux, de voitures, un pont volant ou un bac peut-il passer à la fois? La durée de la traversée... comment navigue-t-il? L'embarquement et le débarquement sont-ils commodes?

144. — *Les gués.* — Quel est le fond d'un gué? Le meilleur est le gravier, le fond de sable se creuse et il faut ensuite passer à la nage. Quelle est sa profondeur? Elle ne doit pas dépasser 1 mètre pour l'infanterie et 1^{m}30 pour la cavalerie. Quelle est sa largeur?

Le courant est-il rapide ? Les rives sont-elles en pente douce ou escarpée ?

Ne pas oublier d'indiquer sur le croquis la direction du gué, et de donner sur le terrain les points de direction que l'on a observés.

145. — Pour passer un gué profond et rapide, les fantassins marchent par file, en se tenant par la main, et les plus grands entrent dans l'eau les premiers. On place aussi de la cavalerie en amont pour rompre le courant, et en aval pour sauver les soldats qu'il entraînerait.

Quand un gué profond et rapide devra être franchi par la cavalerie, l'officier commandant ne devra pas oublier de recommander aux cavaliers de fixer un point sur la rive opposée et de s'y diriger sans regarder l'eau à droite ou à gauche ; car s'ils faisaient le contraire, une illusion d'optique leur ferait suivre le courant, qui les entraînerait.

146. — *Les ruisseaux*. — Il faut reconnaître les ruisseaux de la même manière que les rivières ; décrire les usines qui s'y trouvent, les moulins, les scieries, les forges qu'ils font mouvoir, qui forment souvent d'excellents postes.

Il faut savoir si on peut couper l'eau qui fait mouvoir ces usines ; si en tenant les vannes fermées on peut causer une inondation en amont, si en les levant on peut rompre un gué en aval.

147. — La reconnaissance des canaux est en tout semblable à celle des rivières ; il faut de plus noter le

parti qu'on peut tirer, pour la défense, de leurs parapets et des arbres qu'on y trouve ; de l'effet que l'on
produirait si on brisait leurs écluses.

Eaux dormantes.

*Etangs. — Lacs. — Marais. — Marécages. — Prairies maré-
cageuses. — Terrain mou.*

148. — Qu'on veuille bien ne pas trouver superflu
quelques définitions qui, au premier abord, pourraient
paraître puériles, les uns savent et pour ceux-là les définitions sont inutiles, mais tous n'ont pas sur les objets
de toute nature, des idées assez nettes, pour que les
définitions soient tout-à-fait superflues, et puis nous
ajouterons que bien souvent on croit comprendre parfaitement le sens d'un mot employé à tout propos, mais
dont on serait assez embarrassé, la plupart du temps,
de donner l'explication technique. Ce qui, cependant,
est indispensable lorsqu'il s'agit d'art militaire, aucun
mot ne devant prêter à l'équivoque. Cela dit, nous allons donner les définitions suivantes.

149. — On nomme étang un amas d'eau de faible
étendue produit par des moyens artificiels, mais nous
ferons remarquer à ce sujet que sur les côtes de France
baignées par la Méditerranée, dans le golfe du Lion
principalement, il existe une longue suite de lagunes
assez étendues et assez profondes qui portent aussi le
nom d'étangs. Il existe aussi des étangs de cette nature
sur les côtes du département des Landes, sur l'Océan.

Le fond des étangs est le plus souvent vaseux et leur eau peu potable.

150. — Un lac est une masse d'eau réunie dans des excavations naturelles, par les pluies, par les sources ou par les ruisseaux, l'eau des lacs est potable, et le fond n'est pas vaseux.

Quand l'eau ne trouve pas un écoulement suffisant, le terrain en renferme une telle quantité, qu'il devient mou, et par suite impraticable, non-seulement pour la cavalerie et l'artillerie, mais même pour l'infanterie, surtout par les temps de pluie. Le plateau de Lannemezan offre ce genre de terrain ; des escadrons de cavalerie s'y sont embourbés.

Quelquefois aussi l'eau se montre à la surface du terrain, et forme des mares et des étangs, mais le plus souvent elle est cachée par une couche de terre peu épaisse.

151. — Les terrains mous se rencontrent très-fréquemment dans le bassin des fleuves et des rivières qui traversent de grandes plaines, comme cela a lieu dans diverses parties de l'Allemagne.

Ainsi, dans le bassin du Danube, au-dessous d'Ulm et au-dessous de Neubourg, s'étendent deux immenses marais ; Dans le bassin de l'Oder, près de Kunersdorf, on en trouve un autre d'une grande étendue. Il y en a également sur l'Ocher de très-longs et très-larges; en Prusse, dans le bassin de la Sprée, on voit sans contredit le marais le plus remarquable de tous ceux connus : il n'a pas moins de 40 kilomètres de longueur sur

16 de largeur et est sillonné par une très-grande quantité de bras de la Sprée qui s'y croisent en tous sens.

Dans plusieurs contrées, on trouve des terrains où l'on voit jaillir l'eau en creusant le sol de quelques centimètres, de sorte que par les temps humides la terre est tellement détrempée, que les chevaux et les voitures ne peuvent pas marcher en dehors de la route.

152. — L'usage confond souvent les marécages et les marais ; nous allons en donner les caractères distinctifs. Mais dès à présent nous dirons que ces deux espèces de terrains sont des plus impraticables et des plus dangereux. Hors des chemins battus et à quelques pas seulement de distance, on peut être englouti dans une fange sans fond, qu'on soit à pied ou à cheval, telles sont les *lisses* de la Bretagne.

Un marécage contient plus de terre que d'eau ; pour le marais, c'est le contraire, l'eau domine, elle est de couleur sombre et d'une saveur désagréable.

Les marécages se dessèchent le plus souvent, et gèlent pendant l'hiver ; les marais ne sont pas dans le même cas.

Les terrains fangeux ont une couche de terre végétale couverte de hautes herbes et de mousse sous laquelle l'eau se rassemble à la surface ; ils sont aussi dangereux que les marais.

153. Lorsqu'il s'agit de reconnaître des étangs ou des lacs, il faut noter la forme et l'étendue de leur surface, la profondeur de l'eau, la nature du fond et des rives, et les îles qu'ils peuvent contenir. On donnera aussi la description des bois, des hauteurs, des bâtiments qui peuvent se trouver aux alentours.

154. — Pour les marais, il faut en indiquer la nature, et savoir s'ils sont praticables, et en quelle saison. Cette reconnaissance sera longue et difficile, mais elle est des plus importantes, et nous pourrions citer tels exemples qui viendraient prouver l'importance qu'il faut attacher à bien reconnaître les terrains marécageux.

Il faudra donc indiquer le plus clairement possible les endroits où les marécages sont praticables aux voitures, aux chevaux, à l'infanterie, et les passages de toute espèce, digues ou chaussées, ainsi que l'emplacement des bateaux qui se trouveraient dans le voisinage.

On n'oubliera pas l'indication des positions qui pourraient se trouver en arrière, en prévision d'une retraite.

155. — Il est assez difficile de connaître la profondeur d'un fond marécageux, car souvent les barques manquent, et à cheval, même en supposant que le fond soit solide, il est dangereux d'entrer dans ces eaux sans un bon guide, parce qu'on peut y rencontrer tout-à-coup des trous profonds. Il faut donc se munir d'une longue perche pour sonder à chaque pas la profondeur de l'eau.

Quant à savoir où et comment un marécage est impraticable, cette reconnaissance demande à être faite avec un soin minutieux. Il ne faudrait pas s'en rapporter aux traces de chevaux ou aux ornières de voiture que l'on pourrait rencontrer sur tel ou tel point, au printemps ou à l'automne, car ces indices ne prouvent pas d'une manière absolue que des chevaux ou des voitures puissent y passer. Il se peut que les traces datent encore de la dernière sécheresse ou de la gelée la plus récente, et que le sol, redevenu mou, les a parfaitement conservées. Il faut choisir des guides sûrs et ne pas s'en rapporter aux renseignements fournis par les habitants. Il vaut mieux s'adresser à des pâtres, des chasseurs, des gardes-forestiers, des marchands de bestiaux, des facteurs ruraux, des braconniers, des contrebandiers, car tous ces individus connaissent ordinairement parfaitement le terrain.

On s'assurera s'il n'y a pas d'autres chemins que ceux indiqués sur les cartes, ou qui sont indiqués par les guides, et s'il y en a, on cherchera où ils vont aboutir.

156. — On rencontre quelquefois des prairies dont l'herbe haute et serrée contient des petits roseaux, il faut s'en défier, ainsi que de celles où l'on voit des parties couvertes de mousse d'un vert jaunâtre ; l'eau est près de la surface, on peut y être englouti, surtout dans les pays tourbeux.

On trouve de la tourbe en Belgique, en Saxe, dans quelques parties de la Prusse, et en France, dans la Flandre, la Picardie et l'Artois.

Montagnes et collines.

157. — Les montagnes ou collines forment-elles une chaîne ? Sa direction ; sont-elles au contraire isolées ? Dominent-elles le pays ? Nature de leurs pentes, douces, raides, nues, cultivées, boisées, accessibles à quelle arme, et en quels points ? Temps nécessaire pour les gravir ; que trouve-t-on sur leurs sommets ? Ce sommet est-il une crête ? un plateau ? Sa largeur.

158. — Pour bien connaître une hauteur, il faut se porter au sommet et le parcourir de manière à bien voir les flancs et les alentours.

La nature des flancs et leur degré d'accessibilité méritent une grande attention.

On entend en général par pente accessible à une arme, une pente que cette arme peut franchir en combattant.

Par conséquent, si l'on dit qu'une pente est de 4/10, cela signifie, comme nous l'avons démontré, n° 33, que sur 10 mètres de base, la pente a 4 mètres de hauteur.

Les pentes accessibles aux voitures sans enrayer, et sans chevaux de renfort, sont de 1/18.

La limite des pentes accessibles aux voitures avec enrayement et chevaux de renfort est de 1/7.

La limite des pentes accessibles à la cavalerie est de 4/10; pour les mulets, elle est de 55/100 ou plus de 1/2.

La limite des pentes accessibles à l'infanterie est de 8/10. Au-delà de cette limite, la pente est inaccessible, c'est-à-dire que l'infanterie ne peut plus la franchir tout en combattant,

159. — On n'a pas toujours, comme nous l'avons déjà dit, ni le temps ni les moyens de mesurer exactement les pentes, mais comme il est très-rare que l'on ait le coup-d'œil assez sûr pour apprécier promptement

et exactemént une pente , il faut tenter soi-même l'expérience en gravissant la hauteur à l'allure ordinaire
de la troupe , et en tenant compte de son chargement.
On pourra, après cela, indiquer avec connaissance de
cause, quelles sont les pentes accessibles à l'infanterie,
à la cavalerie et à l'artillerie; en outre , on verra bien
mieux de cette façon si la nature du sol permet de gravir le talus facilement ou non.

On examinera avec soin les sentiers, les chemins de
voitures et toutes les routes se dirigeant vers le sommet, et l'on se rappellera ce que nous avons déjà dit au
paragraphe qui traite des *Communications,* n° 100, relativement aux sentiers dits impraticables.

160. — Les flancs des hauteurs sont souvent sillon-
nés de ravins tracés par les eaux suivant la ligne de
plus grande pente, ce sont des chemins naturels offerts
à l'assaillant : il faut les reconnaître avec soin et les
décrire.

Bois et Forêts.

161. — Par le mot *Bois* , on entend un espace de
terrain quelconque planté d'arbres. Une *Forêt* est un
espace considérable d'arbres qui croissent sans culture,
ou qui sont plantés par la main des hommes. Dans le
premier cas , la forêt est sauvage; elle ne présente ni
divisions ni communications ; dans le second cas, elle
est exploitée et elle possède des clairières, des routes,
des chemins.

Par les mots *Bocages, Bosquets,* on désigne des bois

d'une petite étendue. Enfin, quelques arbres groupés sur un même point, constituent un *Bouquet de bois.*

On distingue les essences d'arbres en bois dur, tels que chêne, frêne, noyer, châtaignier, hêtre, et en bois blanc, comprenant le peuplier, le tremble, l'aulne, le bouleau, l'érable. Enfin en bois résineux ou verts, tels que le pin, le sapin et le mélèze,

162. — Les *hautes futaies* sont des bois composés de grands arbres parvenus au maximum de leur croissance, c'est-à-dire ayant dépassé 100 ans.

Le *Taillis* est formé par des arbres qui n'ont pas 40 ans, et qui sont taillés de temps en temps.

Un *Fourré* est un bois garni de broussailles épaisses où l'on peut difficilement pénétrer ; c'est encore un jeune taillis mal aménagé.

163. — Pour reconnaître une forêt ou un bois, faites-en le tour, si c'est possible, examinez les chemins qui en sortent, informez-vous d'où ils viennent et où ils vont. Observez aussi les ruisseaux et les ravins qui sortent de la forêt. Voyez si elle est marécageuse.

La forêt est-elle en futaie ou en taillis ? Voit-on des villages, des fermes, des châteaux dans l'intérieur de la forêt ? C'est une circonstance qui peut être intéressante à noter.

Y a-t-il des trouées ou clairières ? On nomme ainsi des espaces libres, plus ou moins larges, dégarnis d'arbres ou à peu près, provenant tantôt de la pauvreté du sol, tantôt de défrichement et tantôt de coupes récemment faites.

Cette ouverture donne-t-elle facilité de traverser la

forêt ? Remarquer que si ces trouées sont remplies par de hautes bruyères, elles sont ordinairement praticables. Il en est de même si les bruyères, quoique basses, croissent dans un sable de couleur ordinaire. Mais un sable noirâtre, mêlé de petit sable blanc, indique un sol spongieux qui, même en été, n'est pas toujours praticable pour la cavalerie.

Peut-on se retrancher dans la forêt ? l'encombrer promptement par un abattis ?

L'examen des chemins et des routes d'une forêt demande une attention particulière. En terrain plat, les chemins sont solides. Dans les bois épais ils font beaucoup de détours; dans les bois clairs, ils sont tracés plus en ligne droite et ne se détournent que lorsqu'ils rencontrent des marais et des étangs.

Des Villes ouvertes et des Villages.

164. — Quand il s'agit de reconnaître les villes et les villages, on ne peut pas décrire tous les bâtiments, on se contente d'examiner avec soin et d'indiquer dans le rapport :

1° La configuration du terrain, à portée du fusil au moins ; la forme générale de l'enceinte à l'extérieur; la position des entrées; la longueur et la largeur des principales rues ;

2° La position, l'étendue et l'importance des places, des églises et des autres points importants pour la défense, dans l'intérieur aussi bien que sur les abords de la localité;

3° Les ravins et les cours d'eau qui coupent les villes

et les villages et l'influence que ces objets peuvent avoir pour l'attaque et la défense, les difficultés de l'approche et de la retraite.

Ce genre de reconnaissance, on le voit, exige du coup-d'œil et des notions suffisantes de fortification.

On n'oubliera pas d'indiquer si les villes et les villages peuvent être facilement incendiés.

Les détails de cette reconnaissance portent sur les objets suivants :

Nombre de constructions en pierre, en briques, en torchis, en bois. Les maisons sont-elles dispersées ? forment-elles une seule masse, ou sont-elles divisées par groupes ?

Les petites villes et les villages, surtout dans le Midi de la France, ont quelquefois des portions de vieilles enceintes, peut-on les utiliser ? Y a-t-il un lieu propre à servir de réduit où les troupes attaquées pourraient se réfugier ? Voyez l'église et le cimetière d'un village; il est rare qu'on ne puisse en faire un bon poste, parce qu'en général les cimetières sont fermés de murs qu'on peut créneler de même que ceux de l'église, et mettre dans l'intérieur de ces dernières des échafaudages pour tirer par les fenêtres. N'y a-t-il pas quelque château où l'on puisse se concentrer, quelque grande ferme ou l'on puisse être réuni ? Il est peu de villages qui n'aient une place, presque toujours devant l'église même; elle peut servir pour la réunion en cas d'alarme.

Examiner la nature du terrain environnant, la facilité que pourrait avoir l'ennemi de se porter sans être aperçu sur le cantonnement, les moyens que les vergers, les jardins, les clôtures présentent pour faire une retraite prompte, la facilité de communiquer par des signaux avec les cantonnements voisins.

Comme la reconnaissance des villes et villages n'a pas toujours pour but la défense de ces points, qu'elle peut avoir aussi pour but d'y cantonner des troupes, ou pour y exécuter un fourrage au sec ou des réquisitions de vivres ou d'objets utiles aux troupes, nous allons donner un aperçu de la manière dont doivent être faites ces sortes de reconnaissances.

165. — *Pour le cantonnement.* — Population : Nombre de maisons, leur capacité pour recevoir des hommes, des chevaux.

Remarquer, à cet égard, qu'à la guerre on se contente le plus souvent de mettre les hommes et les chevaux à l'abri, et qu'on ne peut toujours prétendre de les loger commodément.

On remplit d'hommes les greniers et les étages supérieurs, on met les chevaux dans les écuries, les granges, les hangars et dans les cours. Il en résulte que les villages les plus médiocres abritent quelquefois un grand nombre de troupes. — Facilités d'établir un hôpital, une ambulance, dans quel grand bâtiment ?

Facilités de se procurer de l'eau, du bois, des vivres, de parquer, de se rassembler en cas d'alarme.

166. — *Pour les vivres et les objets utiles aux troupes.* — Production du pays environnant, leurs quantités positives ou approximatives; facilités de les rassembler; quantité de bestiaux propres à la boucherie; bêtes de somme ou de trait. Les moulins, les fours, ce que l'on peut y cuire de rations en 24 heures.

On observera qu'on peut faire 6 fournées dans cet espace de temps, et que pour obtenir 90 pains d'un kilog. et demi, il faut 100 kil. de farine.

De ces diverses données, on concluera le temps pendant lequel on peut nourrir un certain nombre d'hommes.

S'assurer du nombre de voitures existant. Ce qu'elles peuvent porter en hommes et en denrées.

Les jours de marché, ce qu'on y trouve.

Les manufactures d'objets utiles aux troupes.

Les selliers-bourreliers, cordonniers, tailleurs, maréchaux-ferrants, charrons, etc.

Tous ces renseignements s'obtiennent près des autorités locales, et il est facile de s'assurer jusqu'à un certain point de la véracité de leurs réponses.

167. — Nous terminerons ce chapitre par les réflexions suivantes :

« Pour bien reconnaître un terrain, il faut considérer
» d'abord si son ensemble remplit le but général qu'on
» se propose, et examiner ensuite minutieusement tou-
» tes ses parties.

» Ces deux opérations doivent conduire à saisir rapi-
» dement et à juger avec précision les propriétés mili-
» taires d'une position, c'est-à-dire ses avantages et ses
» inconvénients.

» La guerre n'étant que l'application des opérations
» au terrain, on doit en conclure toute l'importance de la
» connaissance de ce terrain, et les conséquences désas-
« treuses que peut avoir pour une bataille, et même pour
» une campagne, une exploration mal faite. »

(HUMBERT. — Cours d'art militaire.)

Un intérêt immense se rattache donc à l'exactitude
des reconnaissances , « où dans une proportion sou-
» vent fort étendue la capacité ou l'incurie d'un simple
» officier peut avoir des résultats si différents.

(Jacquemin. — Art militaire.)

« Dans ces sortes d'opérations, les moindres circons-
» tances acquièrent quelquefois une grande valeur ; un
» gué mal sondé, un sentier, un ravin, une hauteur,
» une haie qui n'ont pas été reconnus, peuvent com-
» promettre la sûreté d'un camp et le salut de l'armée. »

(Vial. — Art militaire.)

APPENDICE

Renseignements sur l'exécution des prescriptions du règlement sur le service en campagne en ce qui concerne les diverses opérations de petite guerre qui peuvent être exécutées par un Officier isolé commandant une petite troupe.

I

« L'officier chargé d'un commandement à l'armée, ne peut es-
» pérer de succès que par l'application intelligente des préceptes
» renfermés dans l'ordonnance du 3 mai 1832, sur le service en
» campagne ; il est donc essentiel de les connaître, pour s'y con-
» former autant que possible » (Ternay. *Art militaire*).

« L'étude de cette théorie est surtout très-importante pour
» celui qui n'a pas passé par les épreuves de la guerre ; la parfaite
» connaissance de ce règlement peut seule suppléer à l'expérience,
» et donner le moyen de se tirer des positions difficiles » (Jacquinot de Presles. *Art militaire)*.

De nombreux auteurs militaires ont écrit sur la manière dont doivent être exécutées les diverses prescriptions de l'ordonnance sur le service en campagne, nous citerons, parmi les meilleurs, *Frédéric le Grand — le Général de Brack — Jacquinot de Presles — Roquancourt — le Général la Roche Aymon — Vial — Humbert*, etc. C'est à eux que nous emprunterons la plupart de nos renseignements, qui acquerront ainsi une autorité qu'ils seraient loin d'avoir sans la constatation de leur origine.

Nous diviserons notre travail de la manière suivante :

1. *Grand' gardes et postes avancés.* — 2. *Reconnaissances.* 3 —*Détachements.* — 4. *Des convois et de leur escorte.* — 5. *Exécution, défense et attaque d'un fourrage.* — 6. *Des embuscades.*— 7. *Attaque et défense de fermes, ou maisons isolées.* — 8. *Attaque et défense d'un bois, d'un gué ou d'un pont, etc.*

| |

Grand' Gardes ou Postes avancés.

Parmi les détails du service en campagne, la manière de se garder, les attentions qu'il faut y employer, en sont peut-être la partie la plus importante. On comprend, sous la dénomination de Grand' gardes ou postes avancés, tous les détachements fournis par un corps principal et placés en station fixe pour la sûreté de ce corps.

« Le nombre, la force et le placement des grand Gardes sont » réglés par les généraux de brigade et, dans un corps détaché, » par l'officier qui commande ce corps. » *(Ordonnance du 3 mai 1832, art. 81).*

Dans tous les cas, le commandant d'une grand' garde doit éclairer et reconnaître exactement toutes les parties du terrain confié à sa surveillance, afin d'avertir à temps le corps qu'elle couvre, de tout ce qui peut s'apercevoir et de tout ce qui viendrait à lui du côté de l'ennemi.

Généralement, l'emplacement des grand' gardes est aux endroits couverts et susceptibles de quelque défense. La cavalerie s'établit derrière des bouquets de bois, des mamelons, des plis de terrain, des haies, des maisons isolées ; la nuit , elle se rapproche de ses postes de soutien. *(Service en campagne.* Frédéric ii, Jacquinot de Presles).

L'officier commandant une grand' garde ne doit pas perdre de vue qu'une grande responsabilité pèse sur lui , et que le salut de l'armée dépend de son habileté et de sa vigilance (Frédéric ii).

Un officier dans cette position ne doit prendre aucun repos, et il doit redoubler encore de précautions dans les nuits obscures ou dans les temps de brouillard, car la plus grande faute serait de se laisser surprendre. Il y va pour lui de l'honneur et de la vie. *(Décret de* 1811. Roquancourt).

L'emplacement de la grand' garde choisi et déterminé, on devra s'occuper du placement des petits postes et de celui des sentinelles et vedettes.

Les petits postes sont aux grand' gardes, ce que le poste avancé de la garde de police est à cette dernière garde; ils sont intermédiaires entre les grand' gardes et les vedettes. (Jacquinot. — de Brack).

Le nombre des petits postes dépend de l'espace dans lequel les grand' gardes doivent exercer leur surveillance, de leur effectif et des localités. Leur force générale varie du tiers à la moitié de la grand' garde ; la force de chacun est déterminée par l'importance des points à occuper et du nombre de vedettes à fournir. (Jacquinot de Presles. la Roche Aymon. *Service en campagne, art.* 85*).*

Pour déterminer la situation et l'étendue du cordon de sentinelles ou vedettes qu'il est nécessaire d'établir pour la sûreté d'un poste, il faut se porter sur toutes les avenues, pour y occuper les points les plus favorables à la découverte.

Les petits postes, placés en vue de la grand' garde, doivent voir de même toutes leurs vedettes à 4 , 5 et 600 pas de distance.

Ce sont ces différents rapports qu'il s'agit de combiner avec les accidents du terrain, et le plus ou moins de proximité de l'ennemi, pour établir les vedettes, les petits postes et la grand' garde. avec les relations nécessaires entre eux et cette dernière.

Quand le pays est montueux, les vedettes doivent être placées sur la crête des hauteurs, et s'il se trouve à portée des arbres isolés, on en profite pour les cacher à la vue de l'ennemi. Il est avantageux sans doute d'observer sans être vu ; mais à cet avantage, on ne doit pas sacrifier celui de voir de plus loin. *(Service en campagne, art.* 88).

Il faut aussi éviter soigneusement de placer les sentinelles ou vedettes trop près des lieux couverts pour éviter de les laisser surprendre par l'ennemi. Il est de règle générale que les vedettes ou sentinelles puissent se voir respectivement sur le contour du cordon, et qu'elles ne laissent entre elles aucune vallée, aucun fond, chemin creux ou ravin qu'elles ne puissent inspecter. Il doit être impossible d'arriver ou de traverser la chaîne sans être vu et arrêté par elles.

De tout ce qui précède, il résulte que le corps principal ou l'armée se trouve couvert par quatre rideaux distincts : 1° les vedettes ; 2° les sentinelles ; 3° les petits postes ; 4° les grand' gardes, auxquels viennent parfois s'ajouter les postes détachés en avant et les postes de jonction en arrière. La profondeur de ces diverses lignes se nomme la zone d'avant-postes.

Lorsque l'officier qui commande un poste avancé ou une grand' garde en aura pris possession, qu'il aura fait la reconnaissance et pris les dispositions que le premier aspect du terrain et la régularité du service peuvent exiger, si le pays où il se trouve lui est inconnu, il se fera amener un homme des maisons les plus voisines; il prendra la carte du pays, dont il ne doit pas manquer d'être pourvu; Il questionnera l'homme qui lui aura été amené, sur le nom des villages, fermes et maisons à l'entour; il prendra connaissance de la nature des chemins et sentiers qui y aboutissent; s'ils sont traversés par des ruisseaux ; si les ponts sont en pierre ou en bois ; s'il y a des étangs, des marais , digues, fossés et autres défilés à passer, des bois de futaie ou taillis aux environs du poste , et il corrigera ses premières dispositions, d'après les nouvelles connaissances qu'il aura acquises. Il reconnaîtra lui-même tout ce qui sera à la portée de son poste , fera sonder les gués, les marais, examinera les passages, les bords des ruisseaux, leur profondeur , l'état des ponts ; et il placera des vedettes au devant des passages, afin que l'ennemi ne puisse en profiter pour le surprendre.

S'il se trouve un pont en bois, on le dégarnira de ses planches; on les portera en deçà , afin que les détachements ou patrouilles puissent s'en servir pour reconnaître au-delà, si c'est nécessaire.

Les ponts en pierre , que l'on ne voudra pas ou que l'on ne pourra pas rompre , seront embarrassés ou barrés par des charrettes chargées dont on ôtera les roues , par des palissades , un arbre abattu, etc.

L'officier commandant une grand' garde, se transportera auprès de ses vedettes , les interrogera sur ce qu'elles ont à faire et à observer , afin de s'assurer si elles ont bien reçu leur consigne.

Les vedettes remarquent avec soin le moindre indice. S'il s'élève de la poussière du côté de l'ennemi, c'est un indice de mouvement : si la poussière est haute , c'est un mouvement de cavalerie ; si elle est basse et épaisse, c'est un mouvement de voitures ; si elle est peu épaisse, c'est un mouvement d'infanterie. Il faudra écouter avec soin le bruit que font les voitures en marchant. Une oreille exercée peut parfaitement distinguer le bruit que font les voitures de réquisition auxiliaires de celui produit par les voitures de l'artillerie, à cause de la plus grande quantité de fer que celles-ci comportent dans leur construction. Toutes les observations sont d'une haute importance, et l'officier, commandant la grand' garde, devra prémunir les vedettes contre l'idée qu'elles pourraient avoir que certaines remarques sont insignifiantes. Il faut *tout voir* et rapporter *tout ce que l'on a vu et entendu*, et ne regarder comme insignifiant aucun indice, quelque faible qu'il soit.

Pour tout ce qui concerne les rondes et patrouilles et les autres prescriptions relatives au service des grand' gardes, nous renvoyons au *Service en campagne* (art. 90, 106 et 107). Cependant, nous ajouterons ce qui suit, extrait de l'*Instruction destinée aux troupes légères et aux offficiers qui servent dans les avant-postes*, rédigée sur une instruction de Frédéric II à ses officiers :

« Lorsque les généraux passent auprès d'une garde avancée,
» il est d'usage, si c'est une troupe de cavalerie, de la faire
» monter à cheval et de leur rendre les honneurs ordinaires ;
» mais si la grand' garde était placée de façon que l'ennemi
» puisse facilement la découvrir, il ne sera pas à propos, après
» avoir reconnu le général et à sa suite, de faire monter à cheval
» afin de ne pas signaler sa présence à l'ennemi, qui pourrait
» vouloir l'inquiéter dans la visite des postes.

» Dans d'autres circonstances, il arrive qu'un général de-
» mande que l'officier de la garde avancée marche en avant avec
» ce qu'il a de troupes, pour le couvrir pendant qu'il va recon-
» naître l'ennemi ; pour lors, l'officier laissera les vedettes à
» leurs postes, et avec tout le surplus de sa troupe il formera une
» avant-garde et des patrouilles sur les flancs du général, de ma-
» nière à couvrir sûrement sa marche ; en outre, il détachera
» de sa troupe des flanqueurs pour se couvrir lui-même et s'é-
» clairer, en longeant du côté de l'ennemi ; il sera recommandé
» aux flanqueurs d'avoir les yeux toujours fixés de ce côté, afin
» que rien ne puisse approcher subitement, et inquiéter le gé-
» néral pendant sa reconnaissance.

» Lorsque le général sera rentré dans la chaîne et retournera
» au camp, l'officier reviendra aussi à son poste. »

Nous ne terminerons pas cet aperçu sans dire quelques mots de la manière dont, selon le maréchal Bugeaud, doit être exercée la surveillance confiée aux grand' gardes. Ainsi, d'après l'illustre maréchal, le système mis en pratique par l'ordonnance du 3 mai 1832, a cela de défectueux que la surveillance ne peut s'exercer que dans le rayon possible de la vue des vedettes, et que par conséquent, si le corps gardé a le temps de se mettre en défense contre l'attaque de l'ennemi aperçu par les vedettes, il n'a pas le temps d'opérer une retraite souvent nécessaire pour occuper en arrière une bonne position défensive et qu'il est obligé de combattre souvent dans de mauvaises conditions et avec la crainte d'être tourné et enveloppé.

Pour éviter ce grave inconvénient, le maréchal Bugeaud préconise le système qu'il a mis si souvent en pratique et qui consiste à reconnaître le pays environnant dans un rayon de 2 à 3 lieues et de faire parcourir toutes les communications qui pourraient servir à l'ennemi pour couper la retraite par de petits postes de 3 ou 4 hommes commandés par un sous-officier, ou un caporal ou brigadier. Ces petits postes ou patrouilles apercevant l'ennemi en mouvement, font immédiatement prévenir le chef de la grand'-garde, qui à son tour donne avis au commandant du corps qui a ainsi devant lui tout le temps nécessaire pour opérer une retraite et choisir le terrain où il attendra l'ennemi sans craindre d'être enveloppé.

Nous ne voulons pas entrer ici dans les détails des critiques qui ont été faites de ce système, nous trouvons que dans certaines circonstances il serait bon de le mettre en pratique, et que dans tous les cas, des instructions à ce sujet sont ordinairement données par le chef du corps que doit couvrir la grand' garde.

| | |

Des Reconnaissances.

Pour assurer le succès des opérations, il est indispensable de connaître la position de l'ennemi, et de chercher à découvrir ce qu'il se propose de faire ; c'est pour remplir ce but que l'on opère des reconnaissances que l'on définit ainsi : « Tout mouve-

» ment de troupes ayant pour objet de découvrir ou de vérifier un
» ou plusieurs points relatifs à la position, aux mouvements de
» l'ennemi, ou à la topographie du théâtre de la guerre. (*Ord. du*
» *3 mai* 1832, *art.* 104.) »

Les reconnaissances jouent donc un rôle très-important dans
les opérations militaires. L'ordonnance du 3 mai 1832 les divise
en trois catégories : les reconnaissances journalières, les reconnaissances spéciales et les reconnaissances offensives.

Dans notre Traité de topographie pratique, nous nous sommes occupé en détail des reconnaissances spéciales. Nous ne
dirons rien des reconnaissances offensives, qui ne sont ordinairement exécutées que par des troupes nombreuses commandées
par des officiers supérieurs ou généraux. Nous allons voir ce qui
est relatif aux reconnaissances journalières qui font partie des
petites opérations de la guerre.

Les reconnaissances journalières sont nécessaires pour la sûreté des camps et des postes, elles ont pour objet de reconnaître
les mouvements, les préparatifs de l'ennemi pour une action
prochaine ; elles éventent les surprises et les embuscades. (*Service en campagne*, titre X, art. 105. — Jomini.)

Avant d'aller plus loin, il est un principe qu'un officier ou
sous-officier chargé d'une reconnaissance journalière, ne doit pas
perdre de vue : c'est qu'il n'a pas pour mission de s'engager
et de se battre avec l'ennemi, qu'il doit au contraire prendre
toutes les précautions possibles pour ne pas être vu, et doit avoir
toujours présent à la mémoire l'art 109 du service en campagne,
ainsi conçu :

« Si l'on rencontre l'ennemi en mouvement, il faut l'observer
» et le suivre sans se laisser apercevoir, s'il est possible ; le but
» étant de découvrir ses forces et ses projets, il ne faut le com-
» battre que lorsqu'on y est forcé, et, que faute de pouvoir ob-
» tenir autrement des renseignements, on est dans la nécessité
» de faire des prisonniers. On évite avec soin de s'en laisser
» faire.

» Cependant quand un corps ennemi marche rapidement sur
» le camp ou sur le cautonnement, le commandant de la recon-
» naissance ou découverte ne doit pas hésiter à combattre, s'il a
» l'espoir de retarder la marche sans trop se compromettre.

Et dans ce cas, ajoute le règlement : « Indépendamment des
» ordonnances de choix qu'il a dû expédier pour avertir, le com-
» mandant annonce sa retraite, et la marche de l'ennemi, par
» l'incendie de quelque cabane, de quelque meule de paille ou
» par tout autre signal convenu à l'avance. »

Donc, lorsqu'un officier ou sous-officier aura à reconnaître soit
la position, les forces ou les mouvements de l'ennemi, soit à
éclairer la marche d'un détachement plus considérable dont il
fait partie, il devra prendre les précautions suivantes : il détachera à environ quatre ou cinq cents pas en avant, et dans la
direction sur laquelle il se propose de marcher, un ou plusieurs
hommes sur lesquels il puisse compter ; il détachera de même un
ou plusieurs autres hommes à la même distance du côté où il suppose l'ennemi ; et s'il y avait lieu de craindre pour ses deux
flancs, il prendrait la même précaution de chaque côté. Il vaut
mieux ne rester qu'avec un homme ou deux, que de risquer d'ê-
tre coupé ou surpris.

Les hommes détachés doivent marcher de manière à rester
toujours en vue, au moins autant que cela est possible par la nature du terrain, et lorsqu'ils disparaissent momentanément, la
troupe doit s'arrêter et se remettre en marche lorsque les flanqueurs reparaissent. Les autres flanqueurs, voyant la troupe s'arrêter, doivent s'arrêter eux-mêmes. Si après avoir disparu, un
flanqueur ne se remet pas bientôt en vue, le commandant de la
reconnaissance enverra un homme pour savoir ce qui peut lui
être arrivé.

Les coups de feu d'avertissement doivent être sévèrement in-
terdits dans une reconnaissance, car alors le but que l'on se propose, de s'approcher de l'ennemi sans être aperçu, est tout-à-fait

manqué, puisqu'il est i ndispensable de faire le moins de bruit possible.

Les bois et les villages que l'on rencontre sur les côtés ne doivent pas être fouillés, mais seulement reconnus extérieurement, afin de s'assurer autant que cela sera possible, s'ils sont ou non occupés par l'ennemi.

Enfin, pour tous les cas qui pourraient se présenter et qui sont trop nombreux pour être détaillés, le commandant d'une reconnaissance doit chercher à s'acquitter de sa mission, et porter la plus grande attention et la plus sévère exactitude dans ses observations. Il n'oubliera jamais qu'il est toujours préférable de voir avec ses propres yeux. (JACQUINOT DE PRESLES.)

Nous terminerons ce qui a trait aux reconnaissances journalières en disant que la troupe chargée de cette mission est une grand'garde mobile qui ne doit jamais s'engager avec l'ennemi sans nécessité. C'est ce que l'on reproche généralement aux reconnaissances françaises, car aussitôt que les troupes envoyées en reconnaissances aperçoivent l'ennemi, elles veulent se distinguer, faire des actions d'éclat, et elles oublient ainsi le but de leur mission qui reste incomplète. (*Voir à ce sujet les Maximes du maréchal Bugeaud.*)

I V

Détachements.

On désigne sous le nom de détachements toute portion d'un corps ou d'une armée destinée à exécuter ce que l'on nomme les petites opérations de la guerre, telles que la conduite et la défense des convois, les embuscades, les surprises, les fourrages, etc.

Un chef de détachement a de nombreuses difficultés à sur» monter ; l'emploi de toutes ses qualités physiques et morales est » constamment nécessaire. Si l'officier qui commande est au-des» sous de sa mission, les conséquences peuvent en être désas» treuses, car les petites opérations qu'il dirige se lient presque

» toujours à un grand ensemble. » *(Humbert. — Art militaire.)*

» Tout chef de troupes légères doit bien se pénétrer des or-
» dres qu'il reçoit et les suivre rigoureusement, ou au moins se
» conformer strictement à leur esprit. » *(Jacquinot de Presles. —
Art militaire.)*

Et à ceci Jacquemin ajoute : « Si ce métier est rude et diffi-
» cile, en revanche les occasions de se distinguer sont fréquen-
» tes, et puis, c'est la véritable école de la guerre. »

Quel que soit le but d'un détachement, la manière de le conduire change selon qu'il est loin ou à proximité de l'ennemi.

Quand le détachement est loin de l'ennemi, il se trouve dans
les conditions ordinaires des marches, fixées par le règlement du
2 novembre 1833 sur le service intérieur, il n'y a alors à prendre aucunes mesures de précaution.

Dans ce cas, si le détachement est *mixte*, c'est-à-dire composé d'infanterie et de cavalerie, l'infanterie doit marcher en
tête, suivie de la cavalerie qui règle sa marche sur celle de
l'infanterie ; si le détachement comporte de l'artillerie, celle-ci
marche après la cavalerie. La colonne est précédée et suivie d'une
avant-garde et d'une arrière-garde par mesure de police.

Quand le détachement a lieu à proximité de l'ennemi, sa nature varie d'après le but qu'on se propose, et aussi d'après la
nature du terrain qu'il doit parcourir. Si l'expédition a pour but
l'occupation d'une position, le détachement sera composé d'infanterie, tandis qu'au contraire il sera composé de cavalerie s'il
s'agit de parcourir rapidement une distance. Enfin, s'il est pré-
sumable que l'expédition aura à s'engager avec l'ennemi, le détachement sera composé d'infanterie et de cavalerie.

Dans tous les cas, où un détachement doit marcher, les précautions à observer seront toujours les mêmes. Ainsi, il devra
toujours y avoir une avant-garde, des flanqueurs et une arrière-
garde, qui devront se conformer à ce qui a été dit à propos des
reconnaissances journalières.

Avant le départ, l'officier passe une inspection minutieuse de l'armement, de l'équipement, du paquetage et de la ferrure ; il s'assure que chacun emporte les vivres et les munitions nécessaires. (DE BRACK).

Si le détachement est obligé de passer dans un village ou dans un défilé quelconque, l'avant-garde doit écouter et examiner, puis elle y fait entrer ses éclaireurs pendant que les flanqueurs tournent l'obstacle. Le détachement n'y pénètre que lorsqu'il a été reconnu.

Si l'on est attaqué pendant le passage, ou si l'on rencontre des forces supérieures à la sortie, la queue de la colonne se retire vivement, et la troupe, couverte par des tirailleurs, opère ensuite sa retraite par petites fractions, c'est pourquoi on ne devra jamais occuper que la moitié au plus de la largeur de la route. *(Jacquinot de Presles, cité par Humbert.)*

L'arrière-garde d'un détachement qui, à proximité de l'ennemi, a un rôle assez difficile à remplir, doit toujours être commandée par un officier ou un sous-officier doué d'une grande fermeté.

Le cadre de notre travail ne nous permet pas d'entrer dans tous les développements nécessaires à l'exécution des prescriptions renfermées dans le titre IX de l'ordonnance du 3 mai 1832. Les circonstances critiques dans lesquelles peut se trouver un chef de détachement sont trop nombreuses à la guerre pour que nous puissions les étudier toutes ici. Nous renverrons pour tous ces détails aux ouvrages si remarquables de Jacquinot de Presles, Jacquemin, Brack, etc., où l'on trouvera tous les renseignements désirables.

∨

Des Convois et de leur escorte.

Pour tout ce qui est relatif à l'escorte et à la défense d'un convoi, nous ne pouvons mieux faire que de renvoyer à l'ordonnance du 3 mai 1832, titre XIV, art. 139 et suivants

Nous dirons seulement ceci. L'officier commandant l'escorte
d'un convoi doit considérer que, pour le défendre avec succès,
toutes ses dispositions doivent être achevées en une demi-heure.
Car en supposant qu'il ait fait reconnaître, de tous côtés, une
lieue en avant, et que l'ennemi soit en force de cette distance, il
ne lui faut que cet espace de temps pour arriver sur le convoi.

Attaque d'un Convoi.

Lorsque un détachement sera destiné à attaquer un convoi,
l'officier chargé de cette expédition devra reconnaître lui-même la
marche du convoi et la disposition de son escorte.

Il examinera si le convoi est à portée d'être secouru, et de quel
côté il pourrait l'être. Il devra donc attaquer du côté opposé.

L'attaque doit avoir lieu sur le flanc, perpendiculairement aux
files de voitures : pour cela, on s'établit près de la route suivie
par le convoi ; on laisse passer l'avant-garde, sans se montrer, en
se repliant un peu s'il est nécessaire ; puis on vient reprendre la
première position, quand l'avant-garde est passée pour attaquer
l'escorte.

Le corps attaquant se divise en quatre parties : l'une attaque
l'escorte, la seconde se jette sur les voitures, la troisième sert
de réserve ; quant à la quatrième, elle se porte sur la ligne de retraite pour isoler les voitures de l'escorte et les empêcher de rejoindre.

Lorsque le convoi est parqué, on agit selon les circonstances.

Quand une attaque a réussi, on emmène le meilleur chargement
et l'on détruit le reste, si on ne peut l'enlever rapidement.

Du reste, les circonstances dans lesquelles peut se produire l'attaque d'un convoi sont nombreuses ; il n'est guère possible de
donner des préceptes pour chacune d'elles, la disposition des
troupes est seule invariable pour tous les cas.

Les dispositions à prendre pour la conduite d'un convoi de

prisonniers sont les mêmes que pour les convois composés de voitures, seulement l'encadrement doit être plus complet, et dans cas d'attaque, si elle est sérieuse, on fait coucher les prisonniers en leur défendant sous peine de mort de se relever.

VI

Exécution, attaque et défense d'un Fourrage.

Le terrain que l'on doit fourrager est toujours déterminé par le général commandant le corps d'armée ou la division, et indiqué par les officiers d'état-major.

Le commandant des troupes destinées à couvrir et à protéger un fourrage, doit reconnaître toutes les parties du terrain qu'il doit faire entourer, afin de disposer ses postes et de former la chaîne ou cordon des vedettes d'après l'étendue de l'enceinte qu'il est chargé de garder.

La reconnaissance terminée, l'officier commandant formera la chaîne des vedettes d'après les principes qui ont été établis dans le chapitre des gardes et postes avancés. L'infanterie dont il disposera sera placée de préférence sur les bords des villages, s'il y en a, dans le voisinage du terrain à fourrager, derrière les haies et les chemins creux. Les vedettes de la cavalerie occuperont les endroits découverts et seront soutenues ainsi que les sentinelles de l'infanterie, par des postes placés de distance en distance.

Enfin, en arrière de la chaîne, et relativement à son étendue, ainsi qu'à la facilité des communications, on placera une ou plusieurs réserves, afin de soutenir les parties de la chaîne qui pourraient être attaquées.

Lorsque ces dispositions seront terminées, l'espace à fourrager sera distribué par régiment ou par escadron, si le fourrage a lieu pour un seul régiment en tenant compte des principes suivants : 1° Que pour la nourriture de 150 chevaux pour un jouril faut 6 à 8,000 kil. de foin, ce qui est ordinairement le produit d'un hectare ; 2° que 50 hommes suffisent pour fourrager un hectare en une heure.

« Les fourrageurs sont habituellement divisés par groupes de » cinq, 1 faucheur, 2 ramasseurs et 2 botteleurs.

» Dès que 12 à 15 chevaux sont chargés d'une double trousse » pesant ensemble ordinairement 150 kil., on les achemine vers » le camp sous la conduite d'un sous-officier, à moins qu'on » n'ait à redouter quelque attaque pendant le trajet ; dans ce » dernier cas, tous les chevaux s'éloignent ensemble sous la pro- » tection de l'escorte. (ROCQUANCOURT. — *Art militaire, cité par* » *Humbert.)* »

Si pendant la durée du fourrage l'ennemi forme une ou plusieurs attaques, l'escorte se réunira pour couvrir les fourrageurs qui se rassembleront immédiatement. Si l'ennemi est repoussé, les troupes d'escorte le suivront pour s'assurer de sa retraite, et, sur le compte qu'elles en rendront, on continuera le fourrage.

Si au contraire la chaîne se trouve forcée, et la retraite nécessaire, les fourrageurs se retireront en bon ordre, sous la protection des escortes qui se placeront dans la marche sur le flanc des fourrageurs du côté de l'ennemi, les troupes composant la chaîne formeront l'arrière-garde et protégeront la retraite.

L'officier chargé de l'attaque d'un fourrage doit reconnaître les dispositions de l'ennemi dans toute l'étendue de la chaîne, les endroits où il aura placé ses réserves, et les facilités ou les difficultés que ces différents corps pourraient avoir à communiquer et à se soutenir réciproquement.

Après avoir reconnu les points les plus faibles, il fera ses dispositions pour exécuter à la fois différentes attaques ; il aura soin de conserver avec lui une réserve qu'il placera dans un endroit couvert et dans la position d'où l'on pourra le mieux juger du succès des premières attaques et se porter vivement sur le point qui sera entamé le premier, ou sur celui que l'ennemi aurait inconsidérément dégarni.

S'il réussit à percer la chaîne, il enverra sur-le-champ des tirailleurs dans l'intérieur du fourrage pour porter le désordre parmi les fourrageurs, et les disperser.

VII

Des embuscades et surprises.

La meilleure manière d'attaquer l'ennemi, c'est de l'attaquer lorsqu'il n'a pas pris toutes ses mesures ; cette manière, quelqu'avantageuse qu'elle soit, présente cependant de graves inconvénients : la part des événements est plus grande que partout ailleurs ; il faut que l'ennemi n'ait pas pris de précautions, ce qui est rare, et l'on se compromet soi-même gravement. Cette manière d'attaquer, qui consiste à surprendre l'ennemi, constitue une des petites opérations de la guerre, que l'on nomme surprise.

Il y a deux sortes de surprises, celle qui consiste à se porter rapidement sur un point faible, où par conséquent l'ennemi ne nous attend pas : c'èst la surprise proprement dite. La seconde se nomme embuscade.

L'officier qui dirige une attaque par surprise, pour l'enlèvement d'un poste quelconque, doit être instruit des moyens de précaution et de défense que l'ennemi a pris. Si c'est dans un village, de quel côté est logé son détachement, quelle place il lui a fixée, en cas d'alarme, quelle est l'espèce de la troupe qu'il aura à combattre. Il doit encore examiner si l'ennemi est à portée d'être secouru, en combien de temps et de quel côté peut lui venir le secours ; il doit connaître de quelle façon sont placés les avant-postes de nuit et de jour, par où et à quelle heure ses patrouilles sont ordinairement en mouvement.

Lorsqu'il sera suffisamment instruit de toutes ces choses, il fera ses dispositions pour l'attaque, lesquelles ne peuvent avoir lieu que d'après les circonstances.

L'embuscade est une disposition de troupes attendant de pied ferme, dans un lieu favorable et caché, l'arrivée de l'ennemi pour le surprendre et l'attaquer à l'improviste.

Les endroits propres à une embuscade sont les lieux couverts; les bois, les villages, les mouvements de terrain, les haies derrière lesquelles l'infanterie peut se tenir couchée. Les ravins ayant des débouchés commodes, les maisons isolées entourées de murs élevés, etc. Le moindre ressaut de terrain peut servir pour y embusquer des troupes.

Les embuscades, on le comprend, ne peuvent plus avoir lieu comme autrefois, sur une grande échelle. Ce ne sont plus aujourd'hui que des opérations de petite guerre dirigées généralement par un officier, et ayant pour objet soit l'enlèvement d'un officier général ou d'un courier, soit l'attaque d'un convoi peu nombreux.

Lorsqu'on veut entreprendre une opération de ce genre, il faut avoir des renseignements sûrs et circonstanciés, étudier le terrain dans tous ses détails, ainsi que l'itinéraire que doivent suivre les patrouilles ou autres troupes que l'on veut enlever et chercher le terrain le plus propice à l'embuscade, c'est-à-dire celui où la fuite sera la plus difficile à l'ennemi.

L'embuscade d'infanterie se place ordinairement à proximité de la route, parce qu'elle n'a pas une vitesse très-grande et qu'il lui faut déboucher rapidement. La cavalerie, au contraire, qui a une très-grande vitesse, doit se placer à une certaine distance où le bruit que font généralement les chevaux de pied ferme, ne puisse être entendu et éventer l'embuscade. Cependant si on a affaire à des troupes habituées à la guerre et qui font éclairer soigneusement leur marche, il vaut mieux prendre une embuscade un peu éloignée de la route, et ensuite se précipiter au pas de course sur l'ennemi lorsque les éclaireurs sont passés.

Il ne faudrait pas négliger de reconnaître les chemins et sentiers par où l'ennemi pourrait fuir, et les faire couper de manière à lui ôter tout moyen de fuite.

La troupe composant une embuscade doit comprendre trois divisions : la première se place sur la route en avant de la troupe ennemie, la seconde l'attaque sur son flanc, et la troisième lui coupe la retraite sur ses derrières.

Si l'embuscade est éventée, il faut se retirer à petit bruit. Si l'attaque ne réussit pas, il faut se retirer le plus promptement possible, et en tenter une autre de suite parce que l'ennemi ne s'y attend pas.

VIII

Attaque et défense de fermes ou maisons isolées.

Les dispositions à prendre pour la défense d'une ferme ou maison isolée sont les suivantes :

Créneler le mur d'enceinte quand il y en a un, ce qui a toujours lieu, car une maison isolée non entourée de murs n'est pas une position qui puisse être défendue avec chance de succès, les créneaux doivent être placés assez haut pour que l'ennemi ne puisse les emboucher du dehors ; et à l'intérieur on dispose une banquette à l'aide de matériaux quelconques tels que des planches et des tonneaux , afin que les défenseurs puissent atteindre les créneaux.

La toiture de la maison devra être enlevée et remplacée par de la terre ou du fumier bien mouillé, afin d'éviter les incendies.

On établira des tambours devant les portes qui donnent accès à la maison, on coupera les planchers près des portes pour faire feu sur l'ennemi s'il parvenait à les franchir ; on démolira les escaliers afin de pouvoir se défendre aux étages supérieurs après la prise du rez-de-chaussée.

Enfin, s'il est possible, on entourera la maison d'abattis, qui forceront l'ennemi à rester plns longtemps sous le feu des défenseurs.

Quant à la disposition des troupes, elle variera nécessairement selon la disposition des lieux.

Pour attaquer un poste de ce genre, il faudra d'abord en faire ou faire faire la reconnaissance, puis on fera approcher les troupes pendant la nuit et l'on commencera l'attaque avant le jour, c'est-à-dire au moment où l'ennemi fatigué se livre au sommeil, confiant dans les patrouilles qu'il peut avoir envoyées de différents côtés. Quant à l'attaque elle-même, elle n'a pas besoin d'être décrite, elle dépendra des circonstances et des défenses préparées par les assiégés.

IX

Attaque et défense d'un bois, d'un gué, d'un pont ou de tout autre défilé.

Bois. — Les bois, comme position défensive, ne présentent pas autant de valeur que les villages ; ils demandent, pour être défendus, des troupes plus nombreuses et surtout de l'infanterie.

La défense d'un bois s'organise ordinairement de la manière suivante :

On établit sur la lisière du bois une première ligne de tirailleurs ; puis en arrière, à une distance très-rapprochée, une seconde ligne, avec des réserves aux points reconnus importants, tels que les saillants que peut présenter la forme du bois, et aux débouchés des communications.

La cavalerie est disposée près des communications principales, en arrière des réserves, afin de pouvoir charger contre les assaillants. S'il y a de l'artillerie, on la place dans les rentrants et à proximité des communications.

La principale question, dans la défense d'un bois, est la défense du périmètre qui doit se faire avec ténacité.

L'attaque d'un bois se fait au moyen de petites colonnes peu profondes, après que la reconnaissance du bois a été faite, en ayant soin qu'elle soit simultanée sur plusieurs points,, et enveloppante.

Défilés. — On occupe un défilé pour son propre usage, ou pour en interdire le passage à l'ennemi. Dans le premier cas, on se contente de couvrir le défilé ; dans le second, on procède à sa défense.

La défense d'un défilé peut avoir lieu ou en avant, ou dans l'intérieur, ou en arrière.

Pour défendre un défilé en avant, on établit les troupes de manière qu'entr'elles et le défilé il y ait un espace suffisant pour permettre la retraite.

L'infanterie et l'artillerie couvrent l'entrée du défilé et sont appuyées sur leurs flancs par la cavalerie. Le passage d'un défilé en retraite doit être protégé par un poste qui tienne l'ennemi en échec aussi longtemps que possible.

D'après les auteurs militaires, la meilleure défense d'un défilé est celle qui se pratique en arrière, parce qu'alors on peut faire converger les feux dont on dispose sur les têtes des colonnes ennemies qui voudraient déboucher.

Les chances que présente l'attaque des défilés sont inverses de celle que présente la défense. Ainsi, il vaut mieux attaquer un défilé défendu en avant que dans l'intérieur et surtout en arrière.

L'attaque et la défense des ponts présentent les mêmes inconvénients et les mêmes alternatives de succès que celles des défilés. Les ponts sont ordinairement défendus par un ouvrage de fortification permanente ou passagère, suivant le cas, d'une importance plus ou moins grande, suivant celle que l'on attache au passage, et qui consistent en un *Redan* ou une *Lunette*, ou enfin ce que l'on appelle ouvrage à *cornes* ou à *couronne*.

Quant aux moyens de détruire ces sortes de passages, nous en avons indiqué les moyens (139 et suivants).

Guès. — Les gués, dont l'importance a été démontrée dans le cours de cet ouvrage, doivent être détruits si on ne croit pas en avoir besoin soi-même, ou si l'on n'est pas assez fort pour les défendre.

On détruit un gué en l'encombrant avec des arbres entiers, des tessons de bouteille, des herses placées les pointes en l'air et maintenues par des piquets à crochet, ou en creusant des tranchées larges et profondes dans le sens du courant.

Quoique le gué ait été détruit, il est bon de le faire garder par un poste qui s'opposera à ce qu'on le débarrasse.

Nous n'avons pas la prétention d'avoir indiqué tout ce qu'il est possible de faire dans les divers cas dont nous nous sommes occupé ; nous avons seulement voulu donner quelques renseignements pour aider à la rédaction des mémoires demandés comme études sur les petites opérations de la guerre.

FIN.

TABLE DES MATIÈRES

APPENDICE.

FIN DE LA TABLE.

ÉCOLES RÉGIMENTAIRES.

COURS DE TOPOGRAPHIE PRATIQUE.

Tableau présentant le tracé des signes conventionnels et le figuré du terrain.

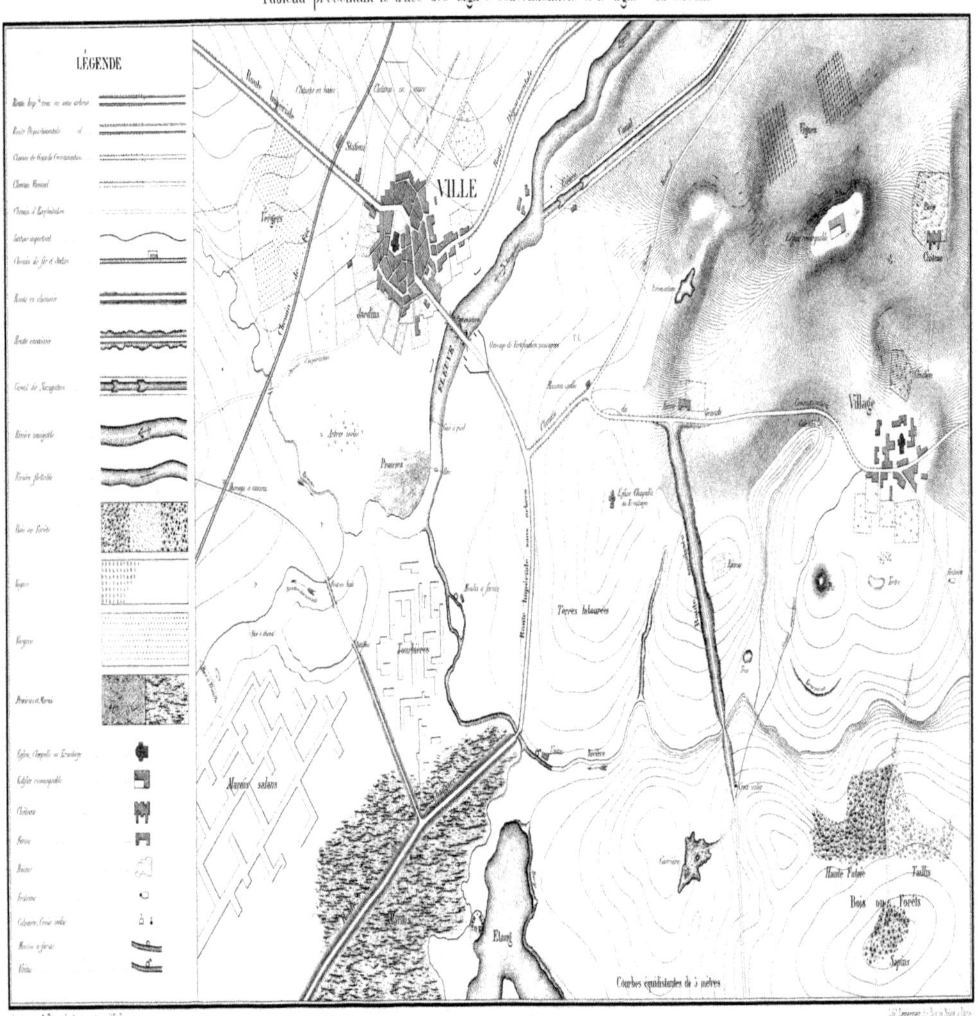

Echelle de $\frac{1}{10,000}$

www.ingramcontent.com/pod-product-compliance
Lightning Source LLC
LaVergne TN
LVHW051105200726
843508LV00001B/431